Aufsätze

Hugo von Hofmannsthal

Impressum

Autor: Hugo von Hofmannsthal
Umschlagkonzept: toepferschumann, Berlin

Verlag: tredition GmbH, Hamburg
ISBN: 978-3-8424-9068-0
Printed in Germany

Tucholsky Wagner Zola Scott Sydow Freud Schlegel
Turgenev Fonatne
Wallace
Twain Walther von der Vogelweide Fouqué Friedrich II. von Preußen
Weber Freiligrath
Fechner Ernst Frey
Fichte Weiße Rose von Fallersleben Kant
Richthofen Frommel
Hölderlin
Fehrs Engels Fielding Eichendorff Tacitus Dumas
Faber Flaubert
Eliasberg Ebner Eschenbach
Feuerbach Maximilian I. von Habsburg Fock Eliot Zweig
Ewald Vergil
Goethe Elisabeth von Österreich London
Mendelssohn Balzac Shakespeare
Lichtenberg Rathenau Dostojewski Ganghofer
Trackl Stevenson Doyle Gjellerup
Mommsen Tolstoi Hambruch
Thoma Lenz Hanrieder Droste-Hülshoff
von Arnim
Dach Verne Hägele Humboldt
Reuter Hauff
Karrillon Rousseau Hagen Hauptmann Gautier
Garschin
Damaschke Defoe Hebbel Baudelaire
Descartes
Hegel Kussmaul Herder
Wolfram von Eschenbach Schopenhauer
Darwin Dickens Rilke George
Bronner Melville Grimm Jerome
Campe Horváth Aristoteles Bebel Proust
Bismarck Vigny Barlach Voltaire Federer Herodot
Gengenbach Heine
Storm Casanova Tersteegen Grillparzer Georgy
Chamberlain Lessing Langbein Gilm
Brentano Gryphius
Strachwitz Claudius Schiller Lafontaine
Bellamy Kralik Iffland Sokrates
Katharina II. von Rußland Schilling
Gerstäcker Raabe Gibbon Tschechow
Löns Hesse Hoffmann Gogol Wilde Gleim Vulpius
Luther Heym Hofmannsthal Klee Hölty Morgenstern
Roth Heyse Klopstock Goedicke
Luxemburg Puschkin Homer Kleist
La Roche Horaz Mörike Musil
Machiavelli
Navarra Aurel Musset Kierkegaard Kraft Kraus
Lamprecht Kind Moltke
Nestroy Marie de France Kirchhoff Hugo
Laotse Ipsen Liebknecht
Nietzsche Nansen
Marx Ringelnatz
von Ossietzky Lassalle Gorki Klett Leibniz
May vom Stein Lawrence Irving
Petalozzi
Platon Knigge
Sachs Pückler Michelangelo Kock Kafka
Poe Liebermann Korolenko
de Sade Praetorius Mistral Zetkin

Der Verlag tradition aus Hamburg veröffentlicht in der Reihe **TREDITION CLASSICS** Werke aus mehr als zwei Jahrtausenden. Diese waren zu einem Großteil vergriffen oder nur noch antiquarisch erhältlich.

Symbolfigur für **TREDITION CLASSICS** ist Johannes Gutenberg (1400 — 1468), der Erfinder des Buchdrucks mit Metalllettern und der Druckerpresse.

Mit der Buchreihe **TREDITION CLASSICS** verfolgt tradition das Ziel, tausende Klassiker der Weltliteratur verschiedener Sprachen wieder als gedruckte Bücher aufzulegen – und das weltweit!

Die Buchreihe dient zur Bewahrung der Literatur und Förderung der Kultur. Sie trägt so dazu bei, dass viele tausend Werke nicht in Vergessenheit geraten.

Südfranzösische Eindrücke

Ich habe einmal ein chinesisches Bilderbuch gesehen. Auf jeder Seite waren alle möglichen Dinge gemalt, durcheinander und mit der unabsichtlichen Anmut, die das Leben hat. Denn die Bilder des Lebens folgen ohne inneren Zusammenhang aufeinander und ermangeln gänzlich der effektvollen Komposition. Besonders eine Seite aus dem Bilderbuche ist mir im Gedächtnisse geblieben; da hingen hübsche fliegende Hunde zwischen roten Weinblättern, darunter standen graziöse emailblaue Vasen; daneben war ein friedlicher grasgrüner Garten mit weißen Gänsen und Orchideen, Spinnen, Kolibris und Affen mit traurigen Augen, und neben dem Garten war ein Fluß; am Ufer stand eine weiße junge Frau, und über dem Flusse schwebten Dämonen, haarige, lichtblaue Riesen mit Vogelköpfen, grinsende Köpfe und rotgrüne Schlangen.

Das Ganze hatte den seltsamen, sinnlosen Reiz der Träume.

Ich glaube, so ungefähr sollten Reisebeschreibungen gemacht werden, so erlebt man sie; und es ist zwischen diesen aufgefangenen Sensationen nicht mehr Zusammenhang wie zwischen den Vasen, den Affen und den Dämonen in dem Bilderbuch.

Darum haben auch Reiseerinnerungen nachher für uns selbst diesen sonderbar traumhaften Charakter, so fremd, wie nicht wirklich gewesen. Die hübsche Art zu reisen, die empfindsame, die des Sterne und des Rousseau, ist uns verlorengegangen. Das war noch eine Reise nach Stimmungen. Man reiste sehr langsam, im humoristischen Postwagen oder in der galanten Sänfte; man hatte Zeit, um in Herbergen Abenteuer zu erleben und wehmütig zu werden, wenn ein toter Esel am Wege lag; man konnte im Vorbeifahren Früchte von den Bäumen pflücken und bei offenen Fenstern in die Kammern schauen; man hörte die Lieder, die das Volk im Sommer singt, man hörte die Brunnen rauschen und die Glocken läuten.

Unser hastiges ruheloses Reisen hat das alles verwischt, unserem Reisen fehlt das Malerische und das Theatralische, das Lächerliche und das Sentimentale, kurz alles Lebendige. – – –

Chambéry ist die Hauptstadt des alten Savoyen; gerade seit hundert Jahren gehört es zu Frankreich, und zum Angedenken dessen steht seit ein paar Wochen auf dem Marktplatz eine junge Savoysienne und umarmt die Trikolore. Die Stadt ist wahrscheinlich, wie die meisten Städte, in sehr verschiedenen Stilarten gebaut; bei Nacht aber, im Mond, ist sie ganz Rokoko mit schnörkligen Giebeln, geschweiften Balkonen und stilvoll bevölkert mit vielen Katzen. Es gibt winzig kleine, übermütige, die betrunken im Mondlicht kugeln und schmeichelnd kokettieren; und große sitzen in stilisierter Würde heraldisch steif auf Balkonen; und andere gleiten lautlos, mit mattleuchtenden Augen, im tiefsten Dunkel längs der Mauern hin.

Nahe der Katzenstadt liegen im Hügelland mit reicher lauer Luft und großen Lauben dunkelglühenden Weins viele kleine Landhäuser. Eins davon sind die Charmettes der Frau von Warens, wo Rousseau seine große Liebe erlebte. Sie war eine wohlerzogene, schöne Dame mit blonder Güte und Anmut und einem eleganten und herzlichen Briefstil; er war ein halberwachsener Parvenu, mit bitterem Hochmut und starker Sehnsucht nach Liebe, bös und rücksichtslos und mit glühenden rhetorischen Antithesen im Herzen. Er nannte sie »maman«, und sie nannte ihn »petit«. Es ist noch alles da: ihre Bilder, ihre Betten, das Fenster, an dem sie Arm in Arm in den Sonnenuntergang hinaussahen, das Immergrün, das sie zusammen pflückten ...

Hier wäre Gelegenheit, eine Banalität zu sagen, die noch dazu sehr traurig ist. –

In Grenoble aber ist Henri Stendhal geboren. Henri Beyle, genannt Stendhal, der große Psycholog unter den Romanschreibern dieses Jahrhunderts, groß neben Balzac und vor allen übrigen, den seit 1880 wieder viele Leute in Frankreich lesen und auch einige in Deutschland.

In Grenoble haben sie eine Straße nach ihm genannt, eine häßliche, halbfertige, nach Kalk und Ziegel riechende, charakterlose Bourgeoisstraße, nach ihm, der immer wunderbare und außerordentliche Menschen schuf, hochmütige, sehr »anders als die andern«; übrigens konnte er seine Vaterstadt nicht leiden und starb nach unruhigem Wandern in seiner Adoptiv-Heimat, dem Mailand der Restaurationszeit, mit den Melodien des Cimarosa und der lieblichen Plastik des Canova, mit weißmarmornem Domdach und lächelnder Anmut wohlerzogener kosmopolitischer Menschen. Auf seinen Grabstein aber ließ er, in dichterischer Ostentation, die Worte setzen: Arrigo Beyle, Milanese.

Grenoble liegt mitten im lichtgrünen, hügeligen Delphinat. Auf breiten Landstraßen, die durch helle Waldtäler laufen, begegnet man viel großen Viehherden, und es ist ungefähr die friedliche Natur der Gauermann und Waldmüller. Das geht so fort, in runden Hügeln und freundlichem Laub, bis Valence. Da, in der Stadt des Cäsar Borgia und der Diane de Poitiers, im Valentinois, hört französische Natur und französische Sprache auf, und es beginnt die Provence, mit gelben sonnverbrannten Hügeln, mit Oliven und Feigen und mit der eigenen Sprache, die wenig vom Französischen hat und viel vom Spanischen, manches auch vom verschollenen Italienisch der »Divina Commedia« und vom Griechisch der Phokäer und vom Arabisch der Mauren. In Rhythmus und Klangfarbe ist sie, wilder und dunkler als die übrigen romanischen Sprachen, dem Spanischen am nächsten. Sie hat viele Dichter und Dichterkongresse und Dichterkrönungen; es ist aber etwas meistersängerlich Pedantenhaftes in dieser Dichterei, etwas Galvanisiertes und Gekünsteltes, und die Epigonen der Bertran de Born, der Peire Cardenal und der Raimon von Toulouse sind Schuster, Barbiere und Buchhändler.

Ihr berühmtestes Werk ist bekanntlich die »Mirèio« des Mistral, ein Idyll in preziösen künstlichen Strophen, halb Homer, halb Berthold Auerbach, ein viel zu langes Gedicht, in dem die wunderschönen Dinge der Vergangenheit steif und tot herumstehen, wie in einem ungemütlichen Provinzmuseum.

Und doch ist die Vergangenheit in diesem Land minder tot als überall anders; es ist eine so klare, stille, trockene, erhaltende Luft. Frauen von Arles haben noch immer die feierliche römische Schönheit, die Kameenprofile und den königlichen Gang und die königlichen Gebärden; und andere haben die griechische Grazie im Stehen und Lehnen, wie die Tanagrafiguren, und griechische Koketterie in der leichtbeflügelten Rede; und andere haben den mattgoldenen maurischen Glanz und das weiche, biegsame Gleiten, »wie Palmen im Wind«. Und sie sitzen mit ruhigheißen Augen auf den Stufen der Arena: da ist Stiergefecht; schwarze, rotäugige Stiere und Banderilleros und Toreadores mit schönen langen Namen, aus Saragossa und Valencia, mit elegantem Gladiatorenanstand und grünseidenen Mänteln; und Musik aus »Carmen« statt der Tuben und Flöten. Das ist ihr Theater. Und wenn die Straßen in grellem Licht glühen, so gehen sie in dämmernden Klostergängen spazieren, zwischen maurischen Ornamenten und byzantinischen Säulen, oder auf den »Alyscampo«, wo im Zypressenschatten uralte Sarkophage liegen, der vornehmste Begräbnisplatz der Erde.

Oder sie gehen beten in die große Kathedrale von Saint-Trophime, und im Halbdunkel zwischen steingrauen Aposteln und Greifen, Engeln und geflügelten Stieren atmet junge griechische und sarazenische Schönheit.

Viele aber treiben den anmutigsten Beruf, den Handel mit schönen und altertümlichen Dingen. Müßig und graziös sitzen sie auf verblichenen Thronsesseln, zwischen zerbrochenen Statuetten, fanierten Goldstoffen und altmodischen Kupferstichen und warten. Sie haben ein so seltsames, verträumtes Lächeln; es ist, als warteten sie immer darauf, daß von irgendwo Blumen auf sie herunterfielen. Denn sie sind sehr eitel; sie haben eine ernsthafte, fast religiöse Eitelkeit und sind gewohnt, sich von allen Dichtern den Hof machen zu lassen.

> ô jours de ma jeunesse, quand serrant d'un long velours
> Le tour de mes cheveux, la taille souple et fine,
> Les seins mi-cachés sous la claire mousseline,
> Nous descendions, riant au rire des galants,
> Sous le porche du grand Saint-Trophime à pas lents!

Diese Verse sind nicht aus der »Arlésienne« des Daudet, aber es gibt eine Menge Stücke, die alle »L'Arlésienne« heißen könnten. Die Heldin darin hat immer diese rätselhafte, antike Schönheit, ist immer unwiderstehlich und wird meistens auf einem weißen, windschnellen Pferd entführt.

Diese weißen Pferde kommen aus der Camargue. Das ist eine große Rhône-Insel, unfern von Arles beginnend und bis dorthin gedehnt, wo die Rhône mündet. Eine weite, baumlose Fläche, graugrün, von vielem Heidekraut violett schimmernd, nicht gefärbt, nur schimmernd (violacé); darüber der blaßlilafarbene Himmel. Da weiden in Herden die weißen Pferde und die schwarzen Stiere und rosenrote Flamingos.

Es ist eine ägyptische Landschaft, totenstill, und auf kleinen zweirädrigen Wagen rollt man lautlos hindurch.

Wo die Camargue aufhört, beginnt das Meer, »das lichtblaue Meer, mit Delphinen und Möwen«. Es hat wirklich nicht das goldatmende glänzende Blau des Claude Lorrain und auch nicht das düstere Schwarzblau des Poussin, sondern ein ganz helles Blau des Puvis de Chavanne.

Es ist keine zufällige Besonderheit, daß ich soviel von Farben spreche. Man kümmert sich in diesen hellen Ländern viel mehr um Farbe als in unserer grauen und braunen Welt. Sogar das Menü wird pittoresk. Schon in Savoyen hatte das Frühstück die heitere Farbengebung der Huysum und Hondecoeter: unter der Weinlaube stand auf reinlich weißem Tuch der Fayencekrug mit hellem Wein, und gelbe Butter, rote Krebse; grüner Spinat und blaue Trauben waren so erfreulich als erfrischend. Hier aber, am rollenden, phosphorschimmernden Meer, ist das Dejeuner in den Fischerherbergen eine große Orgie von Farben. Der rotflossige Fisch schwimmt in einer Safransauce, andere flimmern silberschuppig, und die grellroten Langusten sind von mattgrünen Oliven umrahmt. Es fehlt nur der Pfau mit vergoldetem Schnabel zu einem farbigen Essen der Renaissance. Dazu das blaue Meer und am weißen Strand Pinien und Zypressen. Das ist längs der Küste, von den Pyrenäen bis zur Riviera. Im Innern aber ist die provenzalische Landschaft eintönig, wie die griechische. Graugelb, mit graugrünen Olivenhainen. Dann und wann auf der staubigen alten königlichen Straße eine Schafherde, die lautlos weitertrippelt. Dann ein ausgetrocknetes Flußbett. Dann, in schweigender Einsamkeit, Ruinen; ein verfallener Aquädukt, ein Triumphbogen. Dann weite, schattenlose Haine der mageren Oliven. So hat es rings um den Engpaß ausgesehen, wo Ödipus dem Vater begegnete. So um den Hügel, wo Antigone den Leichnam des Bruders besuchte. Hier hat der heutige Tag kein Eigenleben. Die Vergangenheit ist noch immer. Und es war ganz im Stile der Natur, als vor ein paar Jahren die Comédie Française nach Orange kam, um in provenzalischer Natur und auf dem steinernen Gerüst einer antiken Bühne den »König Ödipus« zu spielen ...

Sommerreise

Hier unter dem Schatten des grossen Ahorn, hier, wo ein Hahnenruf, ein Grillenzirpen, das Rauschen des kleinen Baches die Welt bedeuten, erscheint diese dreitägige Reise schon wie ein Traum. Und doch war sie wirklich: so wirklich wie ein Gang zum Brunnen, ein Niederbeugen, das Löschen eines tiefen Durstes in eiskaltem, felsentsprungenem Wasser; so wirklich wie ein Verlangen nach Früchten, nach kernig-weichen, innerlich kühlen, duftigen, flaumumhüllten Früchten, ein Anlegen der Leiter, ein Hinaufsteigen, ein Pflücken, ein Genießen, ein Schlummern in der Krone des Baumes. Es mußte ein Abend vorhergehen, ein wundervoller Vorabend: jener eine Abend, der in jedem Jahre einmal kommt, früher oder später; jener einzige Abend, an welchem die Fülle des Sommers auf einmal da ist, die Sonne ist längst gesunken, doch steht noch immer im Westen ein Abgrund von Licht; drüber entzündet sich wie eine Fackel der Abendstern; die Berge, die dunklen Schluchten zwischen den Bergen glühen von innerem purpurblauen Feuer; ein unsäglich leichter Hauch geht wie ein Atem von Baum zu Baum; manchmal schleift er lüstern an dem Boden hin, ergreift ein frischgesponnenes Laken, das da zum Bleichen liegt, und bläht es wie ein Segel; dann schwillt vor innerer Kraft das Wasser in den Brunnentrögen, wie droben die Sterne überschwellen vor Glanz; stärker gurgelt es in den hölzernen Röhren, verlangender rauscht es aus dem Felsenspalt hervor, wundervoller braust der ferne Wassersturz, als drängte es den dunklen Berg, die starre Wand, ihr Inneres hinzugeben; von den Hängen, von den Matten läßt sich der Heuduft nieder, langsam kreisend; Wanderern gleichen die Bündel Heu, hingesunkenen Ermüdeten, Stehenden, am Pilgerstabe erstarrt, schlafend in der Gebärde des Wanderns; und jeder Schatten der Nacht, dort am Waldrand, da auf dem Altan, jeder gleicht einem Wanderer, der sich hinließ, in den Mantel gewickelt, mit dem ersten Frühstrahl leicht aufzuspringen, mit dem ersten Schritte weiterzuwandern.

Den nächsten Morgen begann die dreitägige Reise. Ihr Weg war mit dem abwärtsrauschenden Wasser. Ihr Ziel war das Land des Sommers, da unten. Irgend ein Hügel, festlicher als alle gekrönt mit üppigen Gewinden rankender Reben zwischen Ulme und Ulme; irgend ein Weiher, eingesetzt wie ein purpurspielender Edelstein in das Grüne eines Hügels; irgend ein Kastell, aus dessen braunroten Trümmern die breitblättrige Feige wächst und der schattenhafte Ölbaum; irgend ein Dickicht, durch dessen Stämme eine wundervolle Nacktheit zu schimmern scheint, dessen Ranken noch schaukeln vom Flüchten feuchter, leuchtender, göttlicher Wesen.

In den Bergen führt der Weg des ersten Tages. In die Flanke der Berge ist die weiße Straße eingeschnitten, und drunten tobt das starke Wasser abwärts. Dörfer hängen zwischen der Straße und dem Himmel, und die Lerche, die von hier aus steigt und steigt und aus schwindelnder Höhe singt; oben mag einer stehen an seiner Eltern Grab und sich über die niedrige Friedhofsmauer beugen, und sieht die Lerche unter sich. Und Dörfer hängen drunten zwischen der Straße und dem wilden Fluß, und der vergoldete Engel auf der Spitze ihres Kirchturmes funkelt herauf aus der Tiefe.

An der Straße stehen schöne Brunnen; aus einer steinernen Säule springen vier Wasserstrahlen in die schönen uralten steinernen Tröge; jeder Strahl grüßt einen Gebirgsstock, dessen Gipfel Schnee und Sonne zum Trank mischt. Und es steigen Frauen, alte und junge, aus den Dörfern herauf und aus den Dörfern herab, langsam die mühseligen schmalen Pfade; jede trägt auf der Schulter das antike Joch mit zwei bauchigen, blitzenden, kupfernen Becken. Und wie sie die Becken unter dem Brunnen füllen und tönend das Wasser hineinfällt, so kommen die beiden wieder zusammen, die beieinander im dunkelsten Schoß des Berges schliefen, das Wasser und das Erz.

Und Brücken springen in einem einzigen Bogen tief drunten über das schäumende Wasser; uralt sind sie, steinern, ihr Bauch mit triefendem Moos behangen; sie sind Menschenwerk, aber es ist, als hätte die Natur sie zurückgenommen; es ist, als wären sie aus der Flanke des Berges herausgewachsen, über die Schlucht hinweg in der Flanke des jenseitigen Berges wiederum zu wurzeln.

Und wie in Schlucht die Schluchten münden und in das Wasser die Wässer sich stürzen und Pfad und Brücke die Dörfer verknüpfen und Steige hinabführen von der Hütte des Ziegenhirten, neben dem der Adler horstet, zu der Mühle unten, die im ewigen Wassersturz steht und feucht und grün überwuchert ist, und der Wind Glockenklang heraufträgt und Glockenklang herab und von drüben und von jenseits: so fühlst du, es ist mehr als ein Tal, es ist ein Land, und seine Schönheit gleicht der Schönheit jener nahen großen Wolke drüben, die voll Wucht ist und Dunkelheit und doch leuchtend, ja innerlich durchleuchtet und oben in goldenem Duft zerschmelzend; und schön wie diese Wolke mit zerschmelzenden Buchten ist auch der Name des Landes: es heißt das Cadorin.

Und dieses Land ist nur wie ein Altan, der hinabsieht auf das andere Land, auf das Land, das die Venezianer, von den Palästen ihrer tritonischen Stadt wie von hohen Schiffen hinüberblickend, »das feste Land« nannten, auf das Land, das wie ein Mantel von den Hüften der Alpen niederschleift bis ans Meer. Dieses Land aber ist an schöngebauten Städten reicher als irgend eine Landschaft der Erde. Drei sind die prunkvollen Spangen im Saum dieses Mantels: Venedig, Vicenza, Verona. Aber in jeder seiner Falten ist Geschmeide verborgen, und wer kann jede seiner Falten durchwühlen? Hier liegt Belluno, hier gleitest du nach Treviso hinab, hier zweigts ab nach Vittorio, und schon hast du Feltre versäumt, schon liegt Asolo seitlich, schon bleibt Bassano hinter dir. Willst du Serravalle wiedersehen, die wundervolle Sperre des Tales, die starke Klause, in der Brückenjoch und Kirchentreppe, Bastei und Gartenhaus einander berühren? Schon hat es dich zu weit nach Süden gezogen, schon führt die weiße Straße zwischen der Weingärten steinernen Mauern auf Castelfranco zu.

Königlich ist diese Landschaft mit ihren Städten. Wie ein Gewimmel ists hinter einem und um einen, wie ein Lagern von großen Heeren zu einem Kriegszug oder einer wundervollen Jagd hier zwischen den Bergen und dem Meer. Wie große Herren, die ihren Namen ausrufen, ihre Leute um sich zu sammeln, wie große Herren, die nach einer siegreichen Schlacht auf den Hügel stampfen und ihren ritterlichen Namen in die Luft schmettern, so rufen diese Städte immerfort ihren Namen durch die Sommerabendluft. Über jeder dieser Städte bläht sich ihr Name wie ein gelb und purpurnes Segel, wie eine gebauschte Fahne: und jeder dieser Namen ist zugleich der Name eines großen Malers.

Paolo Veronese, und Pordenone, und Bassano; Giovanni da Udine, und Cima di Conegliano, und Morto di Feltre, und Bordone von Treviso, Pellegrino di San Daniele: so wohnt in jeder dieser halbzerbrochenen Städte ein Ruhm wie eine leuchtende, nackte Dryade im Strunk des halbvermorschten Baumes. Oder die Städte haben sich in den Ruhm ihrer großen Söhne gehüllt wie in einen farbigen Mantel und sich hingestreckt an den Hügeln und über den Flüssen, und als ein halb lebendiges, halb im Schlummer erstarrtes Wesen lagern sie da, starrend in Waffen, oder wie ein Hirt, oder wie ein reicher lässiger Reisender, den auf der Jagd der Schlummer überwältigt.

Und das wilde Wasser aus den Bergen umfließt beruhigt Kirche und Kastell, spiegelt die zerfallenden Mauern, gleitet in lautlosem Rinnen zwischen Feld und Feld dahin, gibt dem Dorf seinen Weiher und dem Park seinen Teich. Und der friedliche Weiher und der marmorgefaßte Teich spiegeln am stillsten Abend die ferne goldumrandete Wolke mit großen schmelzenden Buchten, die sich vom feuchten Hauch der blauen Riesenberge nährt. Mit den Statuen, mit den Balkonen der Villa spiegelt der Teich von unten her das Gebälk, das die offene Halle bedeckt: und diese Balken waren Bäume, und wo der Teich als Quell war, dort waren sie als Lebendige, mit Wipfeln, die stärker rauschten als unter ihren Wurzeln hervor das flinke Wasser. So schmilzt hier, erst hier, der starke Drang der Berge in selige Ruhe.

Muß hier nicht Giorgione geboren sein? Er, der dies Fern und Nah, dies selige Spiegeln, dies Hinüberschauen zu den Bergen, dies Rasten auf dem letzten Hügel in sich sog und eine Bezauberung daraus schuf, die keinen Namen hat. Der vier oder fünf Gestalten auf den weichen Rücken eines solchen Hügels hinlagerte, und alle tun sie nichts anderes, als die unsägliche Süßigkeit dieser Landschaft auskosten, aussaugen wie eine Frucht diese süße Vermischung von Weite und Nähe, von Dunkel und Helle, von Tag und Traum. Die Frauen haben die Kleider abgeworfen auf das Gras und geben den nackten Leib dem doppelten Atem der Luft hin, der kühl und schattenahnend sie zu den Bergen hinsaugen will, und lau und üppig von der Ebene an ihnen hinaufspielt. Aber ihre nackten Füße fühlen durch Gras und Blumen hindurch den feuchten kühlen Erdengrund, fühlen das Glück des Wurzelns in der Erde: und die Frauen beugen sich über den steinernen Brunnen, winden den Eimer aus feuchtem Schacht empor, als wollten sie dem Grund sein selig dunkles Geheimnis so entwinden; aber was sie emporbringen, ist nur klares Wasser; doch sie werden es trinken, werden es kühl durch die Glieder rieseln fühlen, etwas von der Lust der Nymphe fühlen, die drunten sich im Kühlen wälzt. Die Männer aber lagern neben dem Brunnen; sie sind bekleidet, und der doppelte Atem der Luft kann nur ihre Wangen anrühren, auf denen der leichte Schatten ihrer Locken liegt, kann nur mit der weißen Flaumfeder spielen, die der eine auf dem smaragdgrünen Barett trägt: Feder von der Brust des Adlers, der dort rückwärts ferne, ferne zwischen den bläulichen Bergen hinkreist, segelt in den Schattenbuchten der riesigen silberfarbigen Wolke. Der mit dem schönen Barett blickt unverwandt nach jener blauen türmenden Ferne. Schöner ist ihm dieser Anblick als der schöne nackte Leib der Frauen, die leicht und üppig sitzen auf dem feuchtkühlen steinernen Brunnenrand. Süßer ist es ihm, das Gefühl dieser Ferne auszukosten; wie aber kann er es, als indem er sich hinüberträumt unter die Schattenbuchten jener Wolke, indem er wähnt dort zu hängen zwischen Felsrand und Absturz, indem er wähnt der zu sein, der mit blutenden Füßen den Horst des Adlers beschlich, indem er mit den Augen jenes Andern, jenes Rauhen, jenes Armen herüberzustarren wähnt aus jener blauen Ferne, herüber auf den sanften Hügel und auf ihn selber, der üppig hier liegt neben dem marmornen Brunnen, neben dem Korb, dem Früchte entrollen, neben den Frauen, die aus ihren Gewändern glitten, lässig, die Flaumfeder des Adlers auf smaragdgrünem Barett. So genießt er die Ferne, wie die Frauen die Nähe genießen. Aber die Magie dieses Ortes hat noch andere Zungen, ihre eigene Seligkeit zu schmecken. Da steht ein Lusthaus: es ist nichts als ein Altan, von Säulen getragen; es dient nur einer Lust, der Lust des Schauens nach jener blauen Ferne, nach den Riesenbergen, nach den Wolken, die der Hauch der Riesenberge nährt. Nichts als ein Altan, säulengetragenes Auge, dessen Wimper sich nie schließt. Über das Geländer des Altans ist eine scharlachfarbene Decke gebreitet. Seligkeit des Ortes! Die Decke darf vergessen hangen, die Gewänder glitten auf den Rasen; zum Segel wird die Decke, leicht bläst sie der üppige Atem der Ebene, der kühle Hauch der Berge wühlt in ihr. So in den Kronen der drei Bäume; selig spielen sie mit der Last der Wipfel: wonach jene Frauen sich sehnen, wonach jene Frauen den Eimer begierig hinablassen, sie haben es von selber, sie saugen es mit den Wurzeln in sich, das dunkle, geheimnisvolle Glück der Erde.

Das Wunder dieses Ortes ist Einklang: Erde und Wolke, Ferne und Nähe, Tag und Traum, hier sind sie eins: die Luft ist wie ein Becken, in das lautlose Ströme von Freude rinnen. Wie selig muß der eine sein, wie vollgesogen mit reinem Glück des Daseins, der das Haupt zurückgelegt hat, den weichen Mund halboffen, den Blick ins Leere, und zuhört, wie der Dritte im Schatten des Gebüsches die Laute spielt. Ein einfaches Lied, ein kleiner Akkord der Saiten, die vom Glück so gespannt sind: wie muß es in der Seele zerschmelzen, hinabschnellen in den Abgrund der Seele, wie ein Wölkchen zerschmilzt an der Flanke der Berge, die purpurblau von inneren Gluten leuchten.

Dies ist die Landschaft des Giorgione, und schon sind wir an Castelfranco vorüber, dem rostfarbenen Viereck alter Mauern, zerbröckelnder Türme, die ein stockendes Wasser finster spiegelt, in deren Innerem eine Stadt nistet mit Gassen und Gäßchen, wie die Stadt der Bienen im Schädel eines wilden Tieres. Noch gleiten die weißen Straßen zwischen Gartenmauern, zwischen Maulbeerbäumen leise nach abwärts, noch treibt ein sanfter, nicht völlig gestillter Drang die Reise der Ebene zu. Nicht ganz der Ebene zu. Hier ist die letzte Welle im Niederrollen erstarrt zu einem Hügel. An seinem Fuß liegt Vicenza, starrend von Palästen. Hier stieg er herauf, der Erbauer der Paläste, und sah, daß die Kuppe dieses sanften Hügels die Landschaft krönte. Und er krönte den Hügel mit dem schönsten seiner Träume. Auf diesem Hügel baute Palladio die Rotonda. Sie ist nicht Haus, nicht Tempel, und ist beides zugleich. Sie ist ein einziger riesiger runder Saal, bedeckt von einer Kuppel, aus vier Toren mündend auf vier säulengetragene Vorhallen, die jede sich in einer Treppe nach außen ergießt. Der Herrlichkeit dieser Rotunde ist alles unterworfen: die Gemächer des Hauses sind eingebaut in die Pfeiler, in die Bögen, die dies große reine Ganze tragen; Gemächer umgeben verborgen das Stirnband der Rotunde und münden unter der Kuppel in den hohen Saal; Gemächer sind versenkt unter die vier freien Treppen und blicken aus vergitterten Fenstern finster wie Sklaven, auf deren Nacken diese Herrlichkeit lastet.

Zu solcher Lust scheint dieses Haus gebaut, als sei es nicht für sterbliche Menschen gebaut, sondern für Götter. Waren es aber Menschen, so müssen sie etwas vom goldenen Blut der Götter in den Adern gehabt haben, dieses Wohnhaus zu ertragen. Ein übermenschliches Hervortreten gebieten diese vier Treppen, den Bergen zugewandt, dem Meere, der Ebene und der Stadt. Ihr bloßer Anblick – gedemütigt wie sie sind, öde, da und dort entblößt bis auf die Ziegel, der Eidechsen Aufenthalt – gebiert Träume. Furchtbar, wie sie nichts voneinander wissen, wie sie einander den Rücken wenden, diese vier Treppen, einander und dem dämmernden riesigen Saal. Zuoberst auf einer dürfte ein Krieger stehen, ein furchtbarer Gott der Zerstörung, und Flammenzeichen geben hinab nach der Ebene, hinab nach der Stadt. Und auf der andern, dem Meere zu, dürfte übermenschliche Lust von Stufe zu Stufe taumeln, faunisch, ineinander hineingewühlt, mit trunkenen Händen, das Haar feucht von Küssen und Wein, der Saft zerquetschter Trauben zwischen Mund und Mund aufsprühend zu den Sternen. Und zu den Sternen, zum funkelnden Gürtel des Orion, zum schweigenden Schatten jener Riesenberge hin, die göttlich Reinheit niederhauchen, dürfte zuoberst auf der dritten Treppe einer beten, einsam, bebend vor Jugend und Ehrfurcht. Und auf der rückwärtigen, der finster brütenden weiten Ebene zu, dürfte Mord geschehen. Und alle vier wüßten nichts voneinander.

Nun aber ist das Haus verschlossen und der Saal schlummert. Verstümmelt, geblendet, mit abgehauenen Händen die Statuen droben an dem Stirnreif der Rotunde sind wieder Steine, Blöcke, verlangend nach Moos. Die Natur nimmt ihr Werk zurück. Sie trieb den Palladio hinauf, mit trunkenem Blicke hier Ebene, Meer, Gebirge und Stadt in sich zu saugen und den Hügel, der die wundervolle Landschaft krönt, mit seinem Traume zu krönen. Wie jener in der Wüste aus seines Herzens Sehnsucht heraus die Leiter träumte, deren Sprossen die Engel auf und nieder wandeln, so träumte dieser hier aus der Fülle seines Innern diesen übermenschlichen kuppelgekrönten Saal und diese vier Stiegen, königlich hinabsteigend, zu den vier Herrlichkeiten der großen Landschaft.

Wie der Faun seine Seligkeit in die Flöte haucht, so haucht die Natur ihren Triumph an einer Stelle aus, in den Traum des Palladio. Nun hat sie die Hirtenpfeife weggelegt, läßt sie vermodern am Rande des Weihers. Mit leiser Gewalt nimmt sie die Rotonda zurück aus dem Kreise menschlicher Gebilde in ihr eigenes webendes dämmerndes Reich. Was den Hügel von Vicenza krönt, ist nicht mehr Tempel, nicht mehr Haus, und mehr als beides. Ein unsterblicher Traum, ein wundervoll geformtes Ziel, nach welchem der Drang der fernen Berge, der Drang der starken Wässer hinzuwollen scheint, das er erreicht, dessen Rund er umwandelt, an dessen vier Treppen er sich hinschmiegt, gestillt, erlöst durch ein Gleichnis.

Sizilien und wir

Indem wir als Deutsche dieses Inselland betreten, scheint sich uns
unablehnbar Goethes Genius zum Begleiter anzubieten. Wir kreu-
zen mit jedem Gang die Spuren seines Weges; alle diese Namen
waren uns schon vorher durch ihn vertraut; wir hatten diese Buchten und Berge durch ihn gesehen, bevor wir sie gesehen hatten. Es
ist unvermeidlich, daß wir uns seiner immer wieder erinnern. An
dieser Insel gehen die Jahrhunderte fast spurlos vorüber, und sein
Sinn, der auf das Gesetzmäßige und Bleibende gerichtet war, hat
uns die Gestaltung der Landschaft überliefert mit der Genauigkeit
eines Erdkundigen und ihre Färbungen und Belichtungen mit dem
Auge eines Malers. Sein Bericht umfaßt die Bauwerke wie die Bräu-
che, er zeichnet auf, was sich auf die Volkssitten bezieht, wie das,
was auf den Anbau der Feldfrüchte Bezug hat; auf die Verehrung
der Heiligen, auf die Straßenpolizei, auf die Bereitung der Nah-
rungsmittel, die Wartung der Haustiere, die Bewässerung der Gärten; und alles mit dem gleichen, festen, nüchternen und zugleich
einschmeichelnden Zug des Griffels. Hier scheint er abwechselnd
ein bildender Künstler, ein Botaniker, ein reisender Kaufmann, ein
Sittenforscher; oder vielmehr, er ist dies alles zu gleicher Zeit. Hier
treibt er seine Kunst – die Lebenskunst – aufs Höchste und versteht
sie zugleich nach außen und nach innen zu wenden. Kein schatten-
hafter Geleiter ist hier mehr bei ihm; kein Palladio, kein Michelangelo, durch dessen Augen er sehen würde. Hier ist er ganz allein
und hat sich ganz den Dingen übergeben; sie werden seine Sprache
– er redet nur mehr aus ihnen. Aber nie ist er eben darum mehr er
selbst und mächtiger seiner selbst. Der sizilische Aufenthalt war die
Krönung seiner Reise, und diese Reise war das große Erlebnis seines Lebens. Die Harmonie seiner einander ergänzenden Sinne stand
niemals höher, das Miteinander seltener und widersprechender
Gaben: die innere Freiheit und die Selbstbezähmung; der Enthusiasmus und die Kraft, ihn niederzuhalten; die bis zur Härte gehende
Festigkeit, und die alles annehmende Weichheit; die Begehrlichkeit
vor der Natur und die Keuschheit vor der Natur. Nie, als während
sein Fuß diesen glücklichen und lichtvollen Boden tritt, ist sein
Geist so majestätisch im Gleichgewicht zwischen dem Relativen
und dem Absoluten. Uneingeschränkt gewährt er sich die Lust der

Hingabe an das Einzelne, in der unser Geist sich erneuert, und die höhere der ordnenden Zusammenfassung. Er tränkt sich ohne Unterlaß mit dem Schauspiel des Lebens, und jedes Einzelne, das ihm vor Augen tritt, scheint von der gleichen Wichtigkeit; aber kraft des Gedächtnisses, die Formen nebeneinander zu tragen, erhebt er sich in jedem Punkt der Darstellung mühelos und ohne heftige Flügelschläge und schwebt auf ins Gesetzmäßige, Allgemeine. Nirgendwo war er großartiger klassisch und weiter von jeder Romantik; weiter von jedem Dualismus: dem von Materie und Geist, dem von Vergangenheit und Gegenwart; sie alle sind durch eine vollkommen große und ungequälte innere Haltung überwunden. Er lebt mit der Erde, auf der er steht; auf jede Macht für sich verzichtend, hat er alle Macht aus ihr in sich gezogen. Er lehnt alles ab, was die Erde je mit Gewalt bedroht und beleidigt hat: die Erdbeben, die Kriege, das gewaltsame unruhige Tun der Menschen. Er lehnt die Geschichte ab, als welche dies alles heranbringt. Majestätisch stehend, erblickt er alles im Stehen. Nie vielleicht seit Platon wandelte ein Sterblicher so ruhevoll im hesperischen Garten der Ideen.

Das Sizilien, das er uns hinhält, ist im ersten Augenblick leuchtender, stärker – soll ich sagen: wirklicher? – als das wirkliche, das uns umgibt. Wir schwanken beinahe zwischen dem Reiz, mit dem die volkswimmelnden Straßen, diese schweigenden und duftenden Gärten, diese großen Ausblicke uns anziehen, und dem unsäglichen Zauber, den er auf seine Blätter gebannt hat. Beides ist Wirklichkeit, aber auf seinem Bilde ist alles zugleich: die ganze Landschaft, das ganze Tun der Menschen, das Wachstum der Pflanzen, ja das Werden der Gesteine. Wir sehen ein Bild ohnegleichen – und wir sehen es vor unseren Augen entstehen. Er, der es malt, steht immerfort neben uns und gewährt uns die Beglückung seiner Gegenwart zugleich mit dem Anblicke seiner Kunst. Seine metaphorische Unerschöpflichkeit spielt vor uns mit den Objekten; keines ist ihm zu wirklich, daß er sich nicht mit ihm vereinigte; für einen Augenblick wandelt er sich in ein jedes, winkt uns aus dem Innern des Gegenstandes zu, taucht wieder auf. Mit einem Male ist nur mehr das Bild da. Er ist vor unseren Augen in sein Bild hineingegangen und uns entschwunden; wir sind allein mit einer gemalten Tafel. Ein Schauder überläuft uns, und wir verhängen das Bild mit einem Vorhang, um uns der Wirklichkeit zuzuwenden, die unvertrauter, weniger spiegelhaft gerundet, gefährlicher – aber unser ist. Das Geheimnis, daß wir Kinder unserer Zeit sind, rührt uns an, und die Unterscheidung zwischen den Jahrhunderten.

Wir sind anders hergekommen als er. Er kam, geschaukelt wie Odysseus, von widrigen Winden zurückgehalten, mühsam und gefährlich. Wir kommen über Nacht. Wir reisen schnell, fast so schnell wie der Blick über die Landschaft hinfliegt; ja die Schnelligkeit, mit der wir uns bewegen, ermutigt noch die Kühnheit unseres Auges; wo der Blick nichts gewahrt als einen bläulichen Duft, dort werden wir morgen umhergehen und einem neuen Horizont die Herrschaft unserer Gegenwart aufzwingen. So sehen wir schon vorübergehend, was wir morgen sehen werden. Wir beherrschen den Raum und zugleich die Zeit – wo er sich an die Erde schmiegte. Seinem reinen Menschensinn war dies Inselland groß, weit, mächtig, unabsehbar. So ist es zu Stunden; zu Stunden ist es uns ein Dreieck im blauen Meer, über dem wir geisterhaft schweben, und jede seiner Seiten ist einer anderen Welt zugewandt, die sich ungeheuer in den Raum wie in die Zeit hineinerstreckt: wir aber sind des Anblickes dieser drei Welten mächtig. Ihn umgab hier der Länderkranz der antiken Welt: orbis terrarum, herrlich geordnet, rein umzogen, Herkulessäulen abschließend im Westen, das Judenland, Persien, Arabien herwinkend vom Osten. In diesem Kreis stand ihm der Sturz des Daseins still, wie das Himmelsgewölbe leuchtend aufruht auf den alterslosen Gewässern. Uns rufen hier deutlich unterscheidbar drei Welten an, und dem Anruf keiner können wir uns verschließen. An den ionischen Strand der Ostküste legt sich die griechische Welle; über Syrakus und Girgenti (noch nicht über Messina und Palermo) steht das griechische Licht; nicht in den Tempeltrümmern allein, nicht in den ewigen Namen der Landschaften und Städte – auch dort, wo nichts mehr da ist und fast weniger als nichts, kahles Gestein, der Ort des Gewesenen, erst recht rührt mit leiblicher Gewalt dies uns an die tiefste Seele. (»Was ist es, das an die alten seligen Küsten mich fesselt, daß ich mehr noch sie liebe als mein Vaterland?« Mehr noch! Und dies kam aus dem Munde eines, der sein Vaterland mit Kräften des Genius liebte.)

Vom Süden her greift das Afrikanische herein und tief in uns herein auch dies. Eine Gehstunde von Palermo am Abhänge des Ber-

ges, auf dem Hamilkar sein letztes Lager hatte, ist eine Gartenein-
samkeit; sie könnte einen verlassenen Sultanspalast in Tunis oder
weit drüben in Meknesch umgeben. Zweimal warf sich diese afrikanische Welt herüber: als phönikisch-punische, als sarazenische;
dazwischen liegt das römische Jahrtausend. Aber dort, wo Spuren
geblieben sind, in den Pflanzen, in den Gesichtern, in der Sprache,
vereinigen sie sich und verstärken einander, und so ist auch dies
leibliche Gegenwart und macht als ein Lebendiges seinen Anspruch
auf uns geltend, und die Namen überfallen uns leibhaft; Hannibal,
Hamilkar mischt sich mit Heinrich, Friedrich, Manfred. Ungeheure
Zusammenkunft! Gegen Westen aber sehen wir nun über das tyr-
rhenische Becken hinaus, über die Säulen des Herkules wittern wir
ins Hesperisch-Unabsehbare, uralt vergangene zukunftträchtige
Atlantische. Diese Insel ist für uns dramatischer als irgendein Punkt
der Welt. Der Geist spannt sich von Pythagoras zu Kolumbus ohne
Anstrengung; ihn regiert das Gefühl einer großartigen Gegenwart.
Hier landet Platon. Hier schlägt der Karthager. Hier baut der By-
zantiner. Hier schläft unter arabischen Kuppeln der Staufer in einem porphyrenen Sarg. Hier reitet Goethe einen Pfad meerentlang.
Hier haucht Platen seine Seele aus.

Abgründe freilich sind dazwischen; aber in uns ist Abgrund genug, daß wir wissen, wie wir das Getrennte zusammenbringen. Es
ist aber dies unsäglich freudige Licht vor allem, das uns den Mut
gibt zu einer ungeheuren Fassung, in die wie in ein Becken die Zeiten und die Räume einschäumen. Dem Auge vertrauen wir uns an,
das der geistigste unserer Sinne ist. Hier sind Horizonte leiblich
erblickt, verschwimmend und doch völlig klar: ihr Rand scheint
nicht im Raum, eher in der Zeit sich zu verlieren; sie sind wie Gedanken, nicht verfolgbar bis ans Ende, aber rein und wahr.

Goethes Zeitgenossen und Gefährten: die Hackert, die Kniep, die
Tischbein zeichneten treu vor dieser großen Natur und diesen
Denkmälern und legten das Gezeichnete in Wasserfarben an. Da
liegt ein Bergstädtchen hoch auf dem Hügel, der mit Ölbäumen
bepflanzt und mit Ruinen geschmückt ist. Da erhebt sich im einsamen Bergtal der Tempel von Segesta. Da ist an der Bucht ein nor-
mannischer Wachtturm erkennbar oder ein sarazenischer Brunnen.
Was wir in uns tragen, sind größere Bilder, wunderbare promethei-
sche Horizonte. Und das Zarteste und Größte noch, das wir durchs

Auge erfuhren, ist kaum festzuhalten: das Sichlösen des Festen im weichsten Duft, die Verschiedenheiten des Meeres. Die Kamera des Photographen, mit ausgebildetem Talent gehandhabt, hie und da auf die schönsten Gegenstände, noch lieber auf große zusammenhängende Anblicke im Claude Lorrainschen Stil eingestellt, kann hier das bescheidene Aquarell des achtzehnten und den Stahlstich des neunzehnten Jahrhunderts weit hinter sich lassen, ja, sie kann Bilder gewinnen, an denen unsere Erinnerung sich wunderbar entzündet – und nicht nur die sinnliche Erinnerung: denn in einem Augenblick haben diese Horizonte unserem inneren Sinn für immer Licht und Weite gegeben, und nie läßt sich sagen, in welcher drangvollen verdunkelten Stunde uns dies noch zugute kommen wird!

Über Charaktere im Roman und im Drama

Gespräch zwischen Balzac und Hammer-Purgstall in einem Döblinger Garten im Jahre 1842

Hammer: Sie werden, Verehrtester, eine Frage gestatten, die mir seit langem auf der Zunge brennt. Verzeihen Sie meine Freiheit; Sie wissen, daß einer der glühendsten Bewunderer Ihrer stupenden Erzählungskunst vor Ihnen steht: aber werden Sie uns nicht jetzt, in der Vollkraft Ihrer schöpferischen Phantasie, eine gleiche, eine ähnliche Reihe von Werken für das Theater schenken?

Sie schweigen? Sie wollen mir nicht antworten? Soll ich vermuten, daß Sie die dramatische Form nicht lieben? daß Ihnen das Theater nichts bedeutet?

Balzac: Im Gegenteil, Baron.

Hammer: Bravo, bravo! Ich liebe das Theater grenzenlos und habe, als Deutscher, an dem unseren die größte Freude. Aber was könnte erst aus dem französischen werden, wenn Ihr Genius da die Zügel ergriffe und mit mächtigen Peitschenhieben den verfahrenen Karren in neue Geleise triebe.

Balzac(verbindlich): Ich weiß, Sie haben Schiller, Sie haben den Verfasser der »Ahnfrau«, Sie haben vor allem Raupach! Oh, das Theater! Ein schöner Traum.

Hammer: Ihre Träume, mein Herr, pflegen Wirklichkeit zu werden. Und was könnte Sie in diesem Falle hindern? Verträge, Abmachungen mit Verlegern? Sie zerreißen sie, wie der Löwe seine Netze. Die Möglichkeit eines Mißerfolges? Ein Mißerfolg Balzacs? Balzac nicht der souveräne Herr seines Publikums? Balzac schwächer als ein Saal von zwei- oder dreitausend Menschen? Ja, sind es denn nicht Ihre Geschöpfe, die ihn füllen? Sehe ich nicht in jedem Rang die Physiognomien, die aus Ihrer Retorte hervorgegangen sind? Nehmen sie nicht alle Logen ein: die Herzogin von Maufrigneuse und die Prinzessin von Cadignan und die Grandlieus mit ihren Töchtern und der Herzog d'Herouville, dieser Zwerg, und der Baron Nucingen mit seiner Frau, und die Rhetores, und die Navarreins und die Lenoncourts! Sehe ich nicht im Halbdunkel, in der Loge von Madame d'Espard, den schönen Rubempré hinter der vor

Eifersucht bleichen, nicht mehr jungen Madame de Bargeton? Steht nicht Rastignac im Orchester, das Genie des Ehrgeizes und der Rücksichtslosigkeit, und lorgniert Frau von Nucingen? Tritt jetzt nicht de Marsay zu ihm, ihm die Hand zu drücken, de Marsay, der, wie er, einmal Minister und Pair von Frankreich sein wird. Und jetzt Bianchon, der Arzt, und Claude Vignon, der Journalist, und Stidmann, der Bildhauer, und die polnischen Emigrierten, Laginski und Paz und Stenbock. Zeigen sie einander nicht die halbversteckte Proszeniumsloge, in der die märchenhafte Esther, die noch fast niemand kennt, von den ersten Schatten eines tragischen Kurtisanenlebens eingehüllt, auf Rubempré hinübersieht? Etalieren nicht zwischen den großen Damen andere Damen einen aufregenden, wie mit dem Fieber der Gegenwart imprägnierten Luxus: sehe ich nicht bei diesen, bei einer Josepha, einer Madame Schontz, einer Jenny Cadine, die Bixiou und de Lora aus und ein gehen, und erblicke ich nicht dort drüben, mit seiner schönen Tochter Victorine, Herrn Taillefer, den großen Industriellen, der einen Mord auf dem Gewissen hat, und sitzt dort unten nicht, verkleidet als spanischer Geistlicher, Haar, Bart, Haltung, Stimme, alles an ihm falsch, nur das unbezwingliche Auge lebendig, Vautrin, der Galeerensträfling? Ja, sehe ich denn irgend etwas anderes als diese Gestalten, die durch eine bewundernswerte Zauberei einander wie hundertfältige Spiegel ihr ganzes Leben, ihr Denken, ihre Leidenschaften, ihre Vergangenheit, ihre Zukunft tausendfach multipliziert zuwerfen?

Bei diesen Sätzen, bei dem so seltenen, wahren Enthusiasmus der Bewunderung, welche die Wangen des großen Orientalisten lebhafter färbte, bei dieser so starken, so ungezwungenen, fast unter vier Augen dargebrachten Huldigung konnte Balzac ein Lächeln nicht unterdrücken. Es war das schöne, seltene Lächeln reiner Befriedigung, das aus dem Gesicht nicht mit der Schnelligkeit des Wetterleuchtens, nicht zuckend, sondern langsam, wie der schöne Sonnenuntergang eines reinen Sommertages, wieder verschwindet. Es war das gleiche Lächeln, das den Mund Napoleons erleuchtete, als er, am Nachmittag von Austerlitz, die Wirkung sah, welche die nach seinem Befehl gerichteten Geschosse auf die Eisdecke der Teiche machten, die von Tausenden flüchtender Russen und Österreicher bedeckt war. Und vielleicht, ja sehr wahrscheinlich hatte dieses Lächeln in diesen beiden, äußerlich so verschiedenen Fällen den gleichen Ursprung: beide Male entsprang es der Seele eines großen Mannes, einer von Natur zur Eroberung bestimmten Seele, in dem Augenblick, als diese Seele ganz nahe vor sich die Möglichkeit sah, den stumpfen Widerstand Europas gegen ihr Genie übers Knie zu brechen wie ein Bündel dürrer Reiser. Die furchtbare Energie seiner mit dem Leben ringenden Seele war für einen Moment entspannt; seine Augen schweiften mit dem leichten Blick des Reisenden über die Hänge des Kahlenberges hin; in seiner Haltung war die undefinierbare Veränderung, Lässigkeit dessen, der in einer fremden Atmosphäre, unter dem Duft und Schatten fremder Bäume, mit fremden Menschen, die er vielleicht nie wieder sehen wird, freundlich und unbedrückt spricht: so gab sich Balzac dem Augenblick hin, in dessen vagem Inhalt etwas von der Rast eines Eroberers an den Grenzen ferner bezwungener Länder war, gab sich ihm so sehr hin, daß er einige Sätze des Barons überhörte und nur dieses Ende einer längeren Tirade auffing: Wie! Alles was im Theater sitzt, die schöne Welt der Logen und des Parketts und das Paradies, alles soll die Spuren der Löwentatze aufweisen, und nur die Bühne nicht? Balzac: O ja, ich liebe das Theater. Das Theater, wie ich es verstehe. Das Theater, auf dem alles vorkommt, alles. Alle Laster, alle Lächerlichkeiten, alle Sprechweisen! Wie armselig, wie symmetrisch ist dagegen das Theater Victor Hugos. Meines, das, welches ich träume, ist die Welt, das Chaos. Und es hat einmal existiert, mein Theater, es hat existiert. Lear auf der Heide, und der Narr neben ihm, und Edgar und Kent und die Stimme des Donners in ihre Stimmen verschlungen! Volpone, der sein Gold anbetet, und seine Diener, der Zwerg, der Eunuch, der Hermaphrodit und der Schurke! und die Erbschleicher, die ihm ihre Frauen und ihre Töchter anbieten, die ihre Frauen und Töchter bei den Haaren in sein Bett ziehen! Und die dämonische Stimme der schönen Dinge, der verlockenden Besitztümer, der goldenen Gefäße, der geschnittenen Steine, der wundervollen Leuchter, so vermengt mit den Menschenstimmen, wie dort der Donner. Ja, es hat einmal ein Theater gegeben.

Hammer: Sie meinen das englische um Fünfzehnhundertneunzig?

Balzac: Ja, die haben es gehabt. Auch später noch. Es gibt nachzuckende Blitze. Kennen Sie das »Gerettete Venedig« von Otway?

Hammer: Ich glaube, es in Weimar gesehen zu haben.

Balzac: Mein Vautrin hält es für das schönste aller Theaterstücke. Ich gebe viel auf das Urteil eines solchen Menschen.

Hammer: Ihre Lebhaftigkeit bei diesem Thema ist mir äußerst erfreulich. Wir werden, nun weiß ich es, eine comédie humaine auf der Bühne haben! Wir werden die Perücke von Vautrins Kopf fliegen und den entsetzlichen Schädel des Sträflings sich enthüllen sehen. Wir werden Goriot belauschen, wie er einsam in eiskalter Kammer die Vision seiner schönen Töchter sich heraufbeschwört. Was schütteln Sie den Kopf, mein Herr? Nichts kann nunmehr im Wege sein.

Balzac: Nichts, scheinbar gar nichts. Auch in meinem Willen nichts, scheinbar. Auch fehlt es mir nicht an dramatischen Mitarbeitern. Sie können nicht von der Oper bis zum Palais Royal gehen, ohne deren einem oder zweien zu begegnen. Denn ich habe mir Mitarbeiter erschaffen wollen. Ich wollte in einen andern hineinkriechen. Aber ich hatte unrecht. Man kann sich nicht in die Haut eines Esels verstecken. Ich wollte etwas finden, was ich nicht in mir trug. Ich wollte eine Unehrlichkeit begehen, eine der versteckten großen Unehrlichkeiten. Es liegt im Wesen der meisten Schriftsteller, dergleichen Unehrlichkeiten in Masse zu begehen, und ganz straflos. Sie gleichen dem Reiter in der deutschen Ballade, der, ohne es zu wissen, über den gefrorenen Bodensee reitet. Aber sie erfahren es auch nachher nicht und fallen daher nicht tot um, wie dieser Reiter. Eine Kunstform gebrauchen, und ihr gerecht werden: welch ein Abgrund liegt dazwischen! Je größer man ist, desto klarer sieht man in diesen Dingen. Mögen andere die Formen vergewaltigen, ich für mein Teil, ich weiß, daß ich kein Dramatiker bin, ebensowenig wie –

(Hier nannte Herr von Balzac die Namen aller seiner Landsleute, welche im vorhergehenden Jahrzehnt einen großen, zum Teil einen europäischen Ruf eben durch ihre dramatischen Produkte erlangt hatten, und fuhr fort:)

Den Grund davon? Den innersten Grund? Ich glaube vielleicht nicht, daß es Charaktere gibt. Shakespeare hat das geglaubt. Er war ein Dramatiker.

Hammer: Sie glauben nicht, daß es Menschen gibt? Das ist gut! Sie haben deren etwa sechs- oder siebenhundert geschaffen; sie auf die Beine gestellt, da! und seither existieren sie.

Balzac: Ich weiß nicht, ob das Menschen sind, die in einem Drama leben könnten. Ist Ihnen gegenwärtig, was man in der mineralogischen Wissenschaft eine Allotropie nennt? Derselbe Stoff erscheint zweimal im Reich der Dinge, in ganz verschiedener Kristallisationsform, ganz unerwartetem Gepräge. Der dramatische Charakter ist eine Allotropie des entsprechenden wirklichen. Ich habe im Goriot das Ereignis »Lear«, ich habe den chemischen Vorgang »Lear«, ich bin himmelweit entfernt von der Kristallisationsform »Lear«. – Sie sind, Baron, wie alle Österreicher, ein geborener Musiker. Sie sind zudem ein gelehrter Musiker. Lassen Sie mich Ihnen sagen, daß die Charaktere im Drama nichts anderes sind als kontrapunktische Notwendigkeiten. Der dramatische Charakter ist eine Verengerung des wirklichen. Was mich an dem wirklichen bezaubert, ist gerade seine Breite. Seine Breite, welche die Basis seines Schicksals ist. Ich habe es gesagt, ich sehe nicht den Menschen, ich sehe Schicksale. Und Schicksale darf man nicht mit Katastrophen verwechseln. Die Katastrophe als symphonischer Aufbau, das ist die Sache des Dramatikers, der mit dem Musiker so nahe verwandt ist. Das Schicksal des Menschen, das ist etwas, dessen Reflex vielleicht nirgends existierte, bevor ich meine Romane geschrieben hatte. Meine Menschen sind nichts als das Lackmuspapier, das rot oder blau reagiert. Das Lebende, das Große, das Wirkliche sind die Säuren: die Mächte, die Schicksale.

Hammer: Sie meinen die Leidenschaften?

Balzac: Nehmen Sie dieses Wort, wenn Sie es vorziehn, aber Sie müssen es in einer noch nie dagewesenen Weite nehmen und dann wieder es so verengen, so ins Besondere ziehen, wie es noch nie gebraucht worden ist. Ich sagte: »die Mächte«. Die Macht des Erotischen für den, welcher der Sklave der Liebe ist. Die Macht der Schwäche für den Schwachen. Die Macht des Ruhmes über den Ehrgeizigen. Nein, nicht der Liebe, der Schwäche, des Ruhmes: seiner ihn umstrickenden Liebe, seiner individuellen Schwäche, seines besonderen Ruhmes. Das, was ich meine, nannte Napoleon seinen Stern: das war es, was ihn zwang, nach Rußland zu gehen;

was ihn zwang, dem Begriff »Europa« eine solche Wichtigkeit bei-
zulegen, daß er nicht ruhen konnte, bis er »Europa« zu seinen Füßen liegen hatte. Das, was ich meine, nennen Unglückliche, die ihr
Leben in einem Blitz überschauen, ihr Verhängnis. Für Goriot ist es
in seinen Töchtern inkarniert. Für Vautrin in der menschlichen Gesellschaft, deren Fundamente er in die Luft sprengen will. Für den
Künstler in seiner Arbeit.

Hammer: Und nicht in seinen Erlebnissen?

Balzac: Es gibt keine Erlebnisse, als das Erlebnis des eigenen Wesens. Das ist der Schlüssel, der jedem seine einsame Kerkerzelle
aufsperrt, deren undurchdringlich dichte Wände freilich wie mit
bunten Teppichen mit der Phantasmagorie des Universums behangen sind. Es kann keiner aus seiner Welt heraus. Haben Sie eine
größere Reise auf einem Dampfschiffe gemacht? Entsinnen Sie sich
da einer sonderbaren, beinahe Mitleid erregenden Gestalt, die gegen Abend aus einer Lücke des Maschinenraumes auftauchte und
sich für eine Viertelstunde oben aufhielt, um Luft zu schöpfen? Der
Mann war halbnackt, er hatte ein geschwärztes Gesicht und rote,
entzündete Augen. Man hat Ihnen gesagt, daß es der Heizer der
Maschine ist. Sooft er heraufkam, taumelte er; er trank gierig einen
großen Krug Wasser leer, er legte sich auf einen Haufen Werg und
spielte mit dem Schiffshund, er warf ein paar scheue, fast schwach-
sinnige Blicke auf die schönen und fröhlichen Passagiere der Ersten
Kajüte, die auf Deck waren, sich an den Sternen des südlichen
Himmels zu entzücken; er atmete, dieser Mensch, mit Gier, so wie
er getrunken hatte, die Luft, welche durchfeuchtet war von einer in
Tau vergehenden Nachtwolke und dem Duft von unberührten
Palmeninseln, der über das Meer heranschwebte; und er ver-
schwand wieder im Bauch des Schiffes, ohne die Sterne und den
Duft der geheimnisvollen Inseln auch nur bemerkt zu haben. Das
sind die Aufenthalte des Künstlers unter den Menschen, wenn er
taumelnd und mit blöden Augen aus dem feurigen Bauch seiner
Arbeit hervorkriecht. Aber dieses Geschöpf ist nicht ärmer als die
droben auf dem Deck. Und wenn unter diesen Glücklichen droben,
unter diesen Auserwählten des Lebens, zwei Liebende wären, die,
mit verschlungenen Fingern aneinandergelehnt, bedrückt von der
Fülle ihres Inneren, das Hinstürzen unermeßlich ferner Sterne, wie
sie der südliche Himmel in Garben, in Schwärmen, in Katarakten

aus dem Bodenlosen ins Bodenlose fallen läßt, nur wie den stärksten, bis an den Rand des Daseins fortgepflanzten Pulsschlag ihrer Seligkeit empfänden – auch an diesen gemessen, wäre er nicht der Ärmere. Der Künstler ist nicht ärmer als irgend einer unter den Lebenden, nicht ärmer als Timur der Eroberer, nicht ärmer als Lucullus der Prasser, nicht ärmer als Casanova der Verführer, nicht ärmer als Mirabeau, der Mann des Schicksals. Aber sein Schicksal ist nirgends als in seiner Arbeit. Er soll sich nirgends anders seine Abgründe und seine Gipfel suchen wollen: sonst wird er einen erbärmlichen Sandhügel für einen Montblanc nehmen, ihn keuchend erklimmen, mit verschränkten Armen droben stehen und das Gelächter aller sein, die zwanzig Jahre später leben. In seiner Arbeit hat er alles: er hat die namenlose Wollust der Empfängnis, den entzückenden Ätherrausch des Einfalls, und er hat die unerschöpfliche Qual der Ausführung. Da hat er Erlebnisse, für welche die Sprache kein Wort und die finsteren Träume kein Gleichnis haben. Wie der Geist aus der Flasche Sindbads des Seefahrers, wird er sich ausbreiten wie ein Rauch, wie eine Wolke und wird Länder und Meere beschatten. Und die nächste Stunde wird ihn zusammenpressen in seine Flasche, und tausend Tode leidend, ein eingefangener Qualm, der sich selber erstickt, wird er seine Grenzen, die unerbittlichen, ihm gesetzten Grenzen, spüren, ein verzweifelnder Dämon in einem engen gläsernen Gefängnis, durch dessen unüberwindliche Wände er mit grinsender Qual die Welt draußen liegen sieht, die ganze Welt, über der er vor einer Stunde brütend schwebte, eine Wolke, ein ungeheurer Adler, ein Gott.

Aber bis zu einem solchen Punkt, aber so ganz und gar ist die Arbeit das ganze Schicksal des Künstlers, daß er ringsum in der ganzen Welt nur die Gegenbilder der Zustände wahrzunehmen imstande ist, die er unter den Qualen und Entzückungen des Arbeitens durchzumachen gewohnt ist. Die Dichter haben aus dem höchsten Wesen einen Dichter gemacht. Und so geschickt sind sie, in das Auf und Nieder aller menschlichen Seelen das Spiegelbild ihrer eigenen Ekstasen und Abspannungen hineinzudeuten, daß allmählich, mit der Zunahme der lesenden Menschen und der unheimlichen Ausgleichung der Stände, an welcher wir leiden, die sonderbarsten Erscheinungen auftreten werden, und zwar nicht vereinzelt, sondern in Masse. Um 1890 werden die geistigen Erkrankungen der Dichter, ihre übermäßig gesteigerte Empfindsamkeit, die namenlose Bangigkeit ihrer herabgestimmten Stunden, ihre Disposition, der symbolischen Gewalt auch unscheinbarer Dinge zu unterliegen, ihre Unfähigkeit, sich mit dem existierenden Worte beim Ausdruck ihrer Gefühle zu begnügen, das alles wird eine allgemeine Krankheit unter den jungen Männern und Frauen der oberen Stände sein. Denn der Künstler gleicht jenem Midas, unter dessen Händen alles zu Gold wurde. Der gleiche Fluch erfüllt sich, nur immerfort auf eine unendlich subtilere Weise. Benvenuto Cellini liegt im tiefsten Verlies der Engelsburg; er hat ein gebrochenes Bein, die Zähne fallen ihm aus den Kiefern, man läßt ihn seit Tagen ohne Nahrung; er meint zu sterben: da verdichten sich seine qualvollen Delirien zu einem schönen tröstenden Traum, er sieht die Sonne, aber ohne blendende Strahlen, als ein Bad des reinsten Goldes. Ihre Mitte bläht sich auf und strebt in die Höhe: es erzeugt sich daraus ein Christus am Kreuz aus derselben Materie; dem Kruzifix zur Seite eine schöne Heilige Jungfrau, in der gefälligsten Stellung und gleichsam lächelnd. Zu beiden Seiten zwei herrliche Engel, aus dem gleichen Material. Alles das sah er wirklich und dankte beständig Gott mit lauter Stimme. Er lag in der Agonie, aber er war der größte Goldschmied seines Jahrhunderts, und die Vision, in der ihm der Himmel seine Agonie versüßte, war die Vision einer Goldschmiedearbeit. Auf der Schwelle des Todes hingekrümmt, waren seine Träume aus keinem anderen Material als aus dem, in welchem seine Hände ein Kunstwerk zu schaffen vermochten. Und kennen Sie Frenhofer, den Maler?

Hammer: Den Helden des »Chef-d'oeuvre inconnu«? Gewiß.

Balzac: Er ist der einzige Schüler des Mabuse. Er hat von seinem Meister das ungeheure Geheimnis der Form mitbekommen, der wirklichen Form, des aus Licht und Schatten modellierten menschlichen Körpers. Er weiß, daß die Kontur nicht existiert. Seine Studien haben die Leuchtkraft des Giorgione und das Inkarnat Tizians; und er verachtet diese Studien. Pourbus betet ihn an, und Nicolas Poussin, der ihn kennen lernt, zittert vor ihm wie vor einem Dämon. Dieser Mensch arbeitet seit zehn Jahren an einer nackten weiblichen Gestalt, und niemand hat das Bild zu Gesicht bekommen. Sie erinnern sich, wie die Geschichte weiter geht. Poussin ist so aufgewühlt, so umgeworfen von diesem Dämon der Malerei, daß er ihm seine Geliebte, ein entzückendes zwanzigjähriges Wesen, als Modell anbietet. Man sagt, diese Gilette habe den schönsten Körper gehabt, auf den je die Augen eines Malers gefallen sind. Sie dem Alten anzubieten, war die rasendste Aufopferung der Liebe an die Kunst, an das Genie, an den Ruhm. Es war ein teuflischer Versuch, das Teuerste preiszugeben, um sich einzukaufen in die unmenschliche Herrlichkeit des Schaffens. Und der Alte? Er bemerkt sie kaum. Seit zehn Jahren lebt er in seinem Bild. In einem Delirium, das kaum mehr Pausen macht, fühlt er diesen gemalten Körper leben, fühlt die Luft ihn umspülen, fühlt diese Nacktheit atmen, schlafen, sich beseelen, dem Lebendig-Heraustreten sich nähern. Was könnte ihm eine lebende Frau, ein wirklicher Körper noch geben? Er sieht diesen wirklichen Frauenkörper, er sieht alle Formen und Farben, alle Schatten und Halbschatten und Harmonien der Welt überhaupt nur mehr als Negativ, in einem geheimen, nur ihm begreiflichen Bezug auf sein Werk. Die Welt ist ihm die Schale eines ausgegessenen Eies. Was von der Welt für seine Seele existierte, hat er in sein Bild hinübergetragen. Wie vergeblich, ihm eine Frucht, und wäre es die entzückendste dieser Erde, anzubieten, gegen welche sich die Tore seiner Seele für immer geschlossen haben. Welch ein groteskes und vergebliches Opfer. Da haben Sie den Künstler: wenn er jung ist, wenn er sich der Kunst gibt: Poussin – und wenn er reif ist, wenn er nahezu Pygmalion ist, wenn seine Statue, seine Göttin, das Gebilde seiner Hände, anfängt, ihm entgegenzuschreiten: Frenhofer. Und Gilette: sie ist das Erlebnis, sie ist die Fülle der Erlebnisse, sie ist die süße Fülle der Möglichkeiten des Lebens: und der eine, der junge, ist bereit, sie preiszugeben, der andere hat keine Augen mehr, sie zu beachten.

Das Leben! Die Welt! Die Welt ist in seiner Arbeit, und seine Arbeit ist sein Leben. Sprechen Sie einem Spieler, einem wirklichen, in dem Augenblick, wo pointiert wird, von der Welt. Sprechen Sie einem Sammler davon, daß seine Frau in Krämpfen liegt, daß man seinen Sohn arretiert hat, daß man sein Haus anzündet, in dem Augenblick, wo seine Augen in der Butike eines Händlers ein Email des Nardon Penicaud aus Limoges entdecken, oder einen Wandschirm des Genre, das man Pompadour zu nennen anfängt, dessen Bronzen von Clodion modelliert sind. Er wird Sie ansehen mit dem Blick, mit dem Lear auf der Heide jeden ansieht, der ihn davon abbringen möchte, daß es undankbare Töchter sind, die Edgars Jammer und den Jammer jeder unglücklichen Kreatur veranlaßt haben. Jedes Auge findet manchmal diesen erhabenen Blick der Seele, die nicht begreifen will, daß es außer ihrer Angelegenheit etwas auf der Welt geben könne.

Hammer *(bescheiden)*: Lear sagt dies im dritten Akt; an dieser Stelle darf er als wahnsinnig betrachtet werden.

Balzac: Das darf jeder Mensch, lieber Baron, und gerade in den schönen, in den erhabenen, in den wirklichen Momenten seines Lebens. Ebensosehr als Lear, meine ich natürlich, ebensosehr.

Hammer: Wie, Herr von Balzac, Sie wollten Ihrem Genie so enge, so traurige Grenzen ziehen? Den Dunstkreis der pathologisch sich selbst verzehrenden Existenzen, das gräßlich blinde Um-sich-Fressen einer Manie, dieses Finstere und Beschränkte wollten Sie sich zum Gegenstand Ihrer Darstellung wählen, anstatt ins bunte Menschenleben hineinzugreifen? Haben Sie nicht immer das Neue, immer das Interessante zu packen gewußt?

Balzac: Mein Schaffen, Baron, hat nie andere Gesetze gekannt als diese, die ich Ihnen hier entwickle. Aber ich habe, sie mir selber zu entwickeln, nie den Drang gespürt. Es scheint, das philosophische Deutschland steckt mich an. Allein ich fürchte, Baron, Sie mißverstehen mich durchaus, wenn Sie vermuten, daß ich irgend ein Ding zwischen Himmel und Erde als außerhalb meines Stoffkreises liegend betrachte. Ich weiß nicht, was Sie »pathologisch« nennen: aber ich weiß, daß jede menschliche Existenz, die der Darstellung wert ist, sich selbst verzehrt und, um diesen Brand zu unterhalten, aus der ganzen Welt nichts als die ihrem Brennen dienlichen Elemente in sich saugt, wie die Kerze den Sauerstoff aus der Luft auffrißt. Ich weiß, wer das Wort »pathologisch« in bezug auf poetische Darstellung in die Mode gebracht hat: es ist Herr von Goethe, ein sehr großes Genie, vielleicht das größte, das Ihre Nation hervorgebracht hat, ein Mann, dessen Kraft, Armeen von Begriffen und Erkenntnissen aus einem Gebiet des Denkens ins andere zu werfen, nicht minder erstaunlich ist als diejenige, mit welcher Napoleon Armeen von Soldaten über den Po oder die Weichsel warf. Nur daß die Begriffe, mit denen er die strahlenden Pfeile seines Geistes in die Welt schnellte, sich von schwächeren Armen ebensowenig spannen lassen als der Bogen, des Odysseus. Aber ich akzeptiere Ihr Wort: »pathologisch«, »maniakalisch« – alle lasse ich sie mir gefallen. Ja, die Welt, die ich aus meinem Hirn hervorhole, ist bevölkert mit Wahnsinnigen. Alle sind sie so wahnsinnig, meine Geschöpfe, so verrannt in ihre fixen Ideen, so unfähig, das in der Welt zu sehen, was sie nicht mit dem Flackern ihres Blickes in die Welt hineinwerfen, so von Sinnen wie Lear, da er einen Strohwisch für Goneril nimmt. Aber so sind sie, weil sie Menschen sind. Es gibt für sie keine Erlebnisse darum, weil es überhaupt keine Erlebnisse gibt. Weil das Innere des Menschen ein sich selbst verzehrender Brand ist, ein Schmerzensbrand, ein Glasofen, in welchem die zähflüssige Masse des Lebens ihre Formen erhält, entzückend blumenhafte, wie die Stengelgläser der Insel Murano, oder heldenhafte, von metallischen Reflexen funkelnde, wie die Töpfereien von Deruta und Rhodus. Weil jede Generation bewußter als die vorhergegangene ist; weil eine eigene, mit jedem Atemzug des Lebens sich vollziehende Chemie das Leben immer mehr und mehr zersetzen wird, so daß selbst die Enttäuschungen, der Verlust der Illusionen, dieses unvermeidliche Erlebnis, nicht in einem Block in den tiefen Brunnen der Seele hineinstürzen wird, sondern zu Staub zerrieben, in Atomen, mit jedem Atemzug: so sehr, daß man um 1890 oder 1900 überhaupt nicht mehr verstehen wird, was wir mit dem Wort »Erlebnis« haben sagen wollen.

Pathologisch! Fassen wir nur gefälligst die Begriffe weit genug, und es werden die Hölle und der Himmel hineingehen. Ich gedenke wenigstens auf sie beide nicht zu verzichten.

Es ist in allem, in allem der Keim zu einem Fetisch, zu einem Gott, zu einem allumspannenden Gott. Lassen wir die Treue dem, der aus der Treue seinen Gott gemacht hat. Ich sehe auch den, der seinen Gott aus der Treulosigkeit gemacht hat. Man muß Beethoven neben Casanova oder Lauzun ins Auge zu fassen verstehen. Den, der keiner Frau bedurfte, neben dem, der alle Frauen brauchte. Alles ist ein Reich, und jeder ist der Napoleon in dem seinigen. Sie stoßen einander nicht, diese Reiche, es sind geistige Sphären: glücklich, der ihre Musik zu hören vermag.

Ja, es sind Dämonen, alle meine Geschöpfe, und ich habe das schwelende Feuer der Tollheit in ihre Köpfe gesetzt. Zugestanden!

Aber auch mir zugestanden, lieber Baron, daß Ihr deutscher Musaget, Ihr Olympier, daß dieser Greis von Weimar ein Dämon gewesen ist, und keiner von den mindest unheimlichen. Ich will ihn nicht an seinem »Werther« fassen: er hat dieses Fieber seiner Jugend verleugnet. Aber der ganze Mensch, aber der ganze Dichter, aber das ganze Wesen! Ich könnte meinen, ihn gekannt zu haben: sein Auge muß unheimlicher gewesen sein als das Klingsors, des Magiers, unheimlicher als das Merlins, von dem es heißt, es habe wie ein bodenloser Schacht in die Tiefen der Hölle geführt, unheimlicher als das der Medusa. Er konnte töten, dieser ungeheure Mensch, mit einem Blick, mit einem Hauch seines Mundes, mit einem Zucken seiner olympischen Schultern: er konnte das Herz eines Menschen zu Stein erstarren lassen, er konnte eine Seele töten und dann sich abwenden, als ob nichts geschehen wäre, und dann hingehen zu seinen Pflanzen, zu seinen Steinen, zu seinen Farben, die er die Leiden und Taten des Lichtes nannte und mit denen er Gespräche führte, stark genug, um die Sterne des Himmels zum Wanken zu bringen. Es waren Zeiten, in welchen man ihn verbrannt hätte, und es waren noch andere Zeiten, in denen man ihn angebetet hätte. Er ließ es geschehen, daß sein Schicksal, das sein Wesen war, seinem Wesen, das sein Schicksal war, alle Opfer darbrachte, deren die Dämonen bedürfen. Was Napoleon seinen Stern nannte, das nannte er die Harmonie seiner Seele. Und dieses leuchtende Zauberschloß, das er aufbaute aus unvergänglichem Material, meinen Sie, es hatte keine Verliese, in denen Gefangene einem langsamen Tode entgegenwimmerten? Aber er geruhte, sie nicht zu hören, weil er groß war. Ja, wer hat denn Heinrich von Kleists Seele getötet, wer denn? Oh, ich sehe ihn, den Greis von Weimar. Ich werde ihn erzählen, ganz werde ich ihn erzählen. Er ist größer und unheimlicher als das trojanische Pferd, aber ich werde die Tore meines Werkes einstoßen und ihn hineinführen. Neben Séraphitus-Séraphita wird er stehen, wie auf dem Friedhofe von Pisa der schiefe Turm und das Baptisterium nebeneinander dastehen und einander anschauen, schweigend, gewaltig, den Jahrhunderten trotzend. O ich sehe ihn, und welch ein schauderndes Entzücken, ihn zu sehen. Dort sehe ich ihn, wo er lebt, wo sein Leben ist: in den dreißig oder vierzig Bänden seiner Werke, die er hinterlassen hat, nicht in dem Gewäsch seiner Biographen. Denn es kommt darauf an, die Schicksale dort zu sehen, wo sie in göttlicher Materie ausgeprägt sind. Ich kenne eine

Frau, eine unberühmte Frau, die niemals berühmt sein wird: sie ist die Tochter eines geknechteten Landes; ein Dämon an Phantasie, ein Kind an Einfalt, ein Greis an Erfahrung, dem Hirn nach Mann, dem Herzen nach Weib; ihre Liebe, ihr Glaube, ihr Schmerz, ihre Hoffnung, ihre Träume sind wie Ketten, stark genug, eine Welt über dem bodenlosen Abgrund zu halten: und ihr Leben, ihr Schicksal, ihre Seele ist zuweilen in ihrem Gesichte geschrieben, für den, der es zu sehen vermag: so steht Goethes Schicksal in seinen Werken.

Die Schicksale dort lesen, wo sie geschrieben sind: das ist alles. Die Kraft haben, sie alle zu sehen, wie sie sich selber verzehren, diese lebenden Fackeln. Sie alle auf einmal zu sehen, gebunden an die Bäume des ungeheuren Gartens, den ihr Brand allein beleuchtet: und auf der obersten Terrasse stehen, der einzige Zuschauer, und in den Saiten der Leier die Akkorde suchen, die Himmel, Hölle und diesen Anblick zusammenbinden.

In diesem Augenblicke fuhr am äußeren Gartentor ein Landauer vor, in welchem Frau von Hanska, geborene Rzewuska, saß. Mit einer Bewegung wie Mirabeau warf sich Balzac herum, die Ankommende zwischen den Kastanien eintreten zu sehen; und es hätte niemand gewagt, ein Gespräch wieder aufnehmen zu wollen, welches eine so große Gebärde abgebrochen hatte.

Sebastian Melmoth

Dieser Name war die Maske, mit der Oscar Wilde sein vom Zuchthaus zerstörtes und von den Anzeichen des nahen Todes starrendes Gesicht bedeckte, um noch einige Jahre im Dunkel dahinzuleben. Es war das Schicksal dieses Menschen, drei Namen nacheinander zu führen: Oscar Wilde, C 3 3, Sebastian Melmoth. Der Klang des ersten nichts als Glanz, Hochmut, Verführung. Der zweite fürchterlich, eines jener Zeichen, welche die Gesellschaft mit glühendem Eisen in eine nackte menschliche Schulter einbrennt. Der dritte der Name eines Gespenstes, einer halbvergessenen Balzacschen Gestalt. Drei Masken nacheinander: eine mit wundervoller Stirn, üppigen Lippen, feuchten, herrlichen, frechen Augen: eine Bakchosmaske; die zweite eine Maske von Eisen mit Augenlöchern, aus denen die Verzweiflung sieht; die dritte ein dürftiger Domino aus der Maskenleihanstalt, geborgt, um ein langsames Sterben darin vor den Blicken der Menschen zu bergen. Oscar Wilde glänzte, entzückte, verletzte, verführte, verriet und wurde verraten, stach ins Herz und wurde ins Herz gestochen. Oscar Wilde schrieb die Betrachtung über den Verfall des Lügens, schrieb »Der Fächer der Lady Windermere«, schrieb »Salome«. C 3 3 litt. C 3 3 schrieb die »Ballade des Kerkers von Reading« und jenen Brief aus dem Kerker von Reading, genannt »De Profundis«. Sebastian Melmoth schrieb nichts mehr, schleppte sich in den Straßen von Paris herum, starb und wurde eingegraben.

Und nun ist Sebastian Melmoth, hinter dessen armem Sarg fünf Menschen gingen, so überaus berühmt. Nun ist alles, was er lebte, beging und litt, in aller Leute Mund. Nun wissen sie alle, daß er in einer Art von Kaninchenstall saß und mit feinen, blutenden Fingern alte Schiffstaue zu Werg aufdrehen mußte. In aller Munde ist dies von dem fürchterlichen Bad, in das er steigen mußte, dem schmutzigen Wasser, in das die Sträflinge der Reihe nach steigen mußten, und Oscar Wilde als der letzte, weil er der letzte in der Reihe war. »Oscar Wilde«, sagte mit unbewegten Lippen einer hinter ihm, als sie im Gefängnishof auf und nieder geführt wurden, »Oscar Wilde, ich verstehe, daß Sie mehr leiden müssen als wir anderen alle.« Auch diese Worte, die irgend ein Sträfling, mit unbewegten Lippen und doch hörbar, in seinem Rücken flüsterte, sind heute sehr berühmt. Sie sind ein Detail einer Legende, die wundervoll ist, wie immer etwas Wundervolles entsteht, wenn das Leben sich die Mühe nimmt, ein Schicksal dichterisch zu behandeln.

Aber man sagt: »Welch eine Wandlung!« Man sagt: »Oscar Wilde, der frühere, und Oscar Wilde, der andere.« Man spricht von einem Ästheten, aus dem ein neuer Mensch geworden ist, ein Gläubiger, gar ein Christ. Man hat sich angewöhnt, von gewissen Romantikern gewisse Dinge zu sagen, und man wiederholt sie zu gerne. Man sollte sie nicht wiederholen. Erstens darum, weil sie wahrscheinlich schon das erstemal nicht ganz richtig waren, und zweitens darum, weil die Zeiten sich verändern und es gar keinen Sinn hat, so zu tun, als ob die Dinge wiederkämen, während in Wirklichkeit immer neue, unendlich differenzierte, unendlich merkwürdige Dinge heraufsteigen. Es hat gar keinen Sinn so zu sprechen, als ob Oscar Wildes Schicksal und Oscar Wildes Wesen zweierlei gewesen wären und als ob das Schicksal ihn so angefallen hätte wie ein bissiger Köter ein ahnungsloses Bauernkind, das einen Korb mit Eiern auf dem Kopf trägt. Man sollte nicht immer das Abgegriffenste sagen und denken.

Oscar Wildes Wesen und Oscar Wildes Schicksal sind ganz und gar dasselbe. Er ging auf seine Katastrophe zu, mit solchen Schritten wie Ödipus, der Sehend-Blinde. Der Ästhet war tragisch. Der Geck war tragisch. Er reckte die Hände in die Luft, um den Blitz auf sich herabzuziehen. Man sagt: »Er war ein Ästhet, und dann kamen unglückselige Verwicklungen über ihn, ein Netz von unglückseligen Verwicklungen.« Man sollte nicht mit Worten alles zudecken. Ein Ästhet! Damit ist gar nichts gesagt. Walter Pater war ein Ästhet, ein Mensch, der vom Genießen und Nachschaffen der Schönheit lebte, und er war dem Leben gegenüber voll Scheu und Zurückhaltung, voll Zucht. Ein Ästhet ist naturgemäß durch und durch voll Zucht. Oscar Wilde aber war voll Unzucht, voll tragischer Unzucht. Sein Ästhetismus war etwas wie ein Krampf. Die Edelsteine, in denen er vorgab mit Lust zu wühlen, waren wie gebrochene Augen, die erstarrt waren, weil sie den Anblick des Lebens nicht ertragen hatten. Er fühlte unaufhörlich die Drohung des Lebens auf sich. Das tragische Grauen umlagerte ihn fortwährend. Unablässig forderte er das Leben heraus. Er insultierte die Wirklichkeit. Und er fühlte, wie das Leben sich duckte, ihn aus dem Dunkel anzuspringen.

Man sagt: »Wilde sprach geistvolle Paradoxa, an seinen Lippen hingen die Herzoginnen, seine Finger zerpflückten eine Orchidee, und seine Fußspitzen wühlten in Polstern aus alter chinesischer Seide, dann aber kam das Unglück über ihn und er wurde in das Bad gestoßen, aus dem vorher zehn Sträflinge gestiegen waren.« Aber man muß das Leben nicht so banalisieren, man muß nicht alles auf das Niveau eines Unglücksfalles herunterzerren. Die wundervoll geschliffenen Worte, die bis zum Schwindelnden mondänen und bis zur Gequältheit zynischen Sätze, die von diesen schönen, geschwungenen, verführerischen und frechen Lippen fielen, waren im Tiefsten gar nicht für das Ohr der schönen Herzoginnen gesprochen, sondern für das Ohr einer Unsichtbaren, die ihn mit Grausen lockte, wie eine Sphinx, an die er unaufhörlich dachte, während er sie unablässig verleugnete, und deren Namen »Wirklichkeit« er nur im Munde führte, um ihn zu verspotten und zu demütigen. Und seine Glieder, die Orchideen zerpflückten und sich in Polstern aus uralter Seide dehnten, waren im tiefsten voll fataler Sehnsucht nach dem gräßlichen Bad, vor dem sie doch, als es sie dann wirklich bespritzte, sich zusammenkrampften vor Ekel.

Darum muß es erschütternd gewesen sein, Oscar Wilde in einem Augenblick seines Lebens zu sehen. Ich meine in dem Augenblick, als er, über den niemand Gewalt hatte als sein Geschick, entgegen dem Flehen seiner Freunde und fast zum Grausen seiner Feinde zurückkehrte und den Queensberry verklagte. Denn damals muß die Maske des Bakchos mit den schön geschweiften, üppigen Lippen in nie zu vergessender Weise umgewandelt gewesen sein in die Maske des sehend-blinden Ödipus oder des rasenden Ajax. Damals muß er um die schöne Stirn die Binde des tragischen Geschickes getragen haben, sichtbar wie wenige.

Man muß das Leben nicht schaler machen als es ist, und die Augen nicht wegwenden, um diese Binde nicht zu sehen, wo einmal eine Stirn mit ihr umwunden ist.

Man muß das Leben nicht banalisieren, indem man das Wesen und das Schicksal auseinanderzerrt und sein Unglück abseits stellt von seinem Glück. Man darf nicht alles sondern. Es ist alles überall. Es ist Tragisches in den oberflächlichen Dingen und Albernes in den tragischen. Es ist etwas würgend Unheimliches in dem, was man

Vergnügen nennt. Es ist Dichterisches in den Kleidern der Kokotten und Spießbürgerliches in den Emotionen der Lyriker. Es ist alles im Menschen drin. Er ist voll der Gifte, die gegeneinander wüten. Es gibt auf gewissen Inseln Wilde, die ihre Pfeile in den Leib ihrer toten Verwandten stecken, um sie unfehlbar tödlich zu vergiften. Dies ist eine geniale Art, einen tiefen Gedanken metaphorisch auszudrücken und dem Tiefsinn der Natur ohne viel Umschweife zu huldigen. Denn wirklich, die langsam tötenden Gifte und die Elixiere der sanft schwelenden Seligkeiten, alles liegt in unserem lebendigen Leib beisammen. Man kann kein Ding ausschließen und keines für so niedrig nehmen, daß es nicht eine sehr große Macht sei. Es gibt, vom Standpunkte des Lebens betrachtet, kein Ding, das »dazu gehört«. Es ist überall alles. Alles ist im Reigen.

Wundervolles Wort des Dschellaledin Rumi, tiefer als alles: »Wer die Gewalt des Reigens kennt, fürchtet nicht den Tod. Denn er weiß, daß Liebe tötet.«

»Tausendundeine Nacht«

Wir hatten dieses Buch in Händen, da wir Knaben waren; und da wir zwanzig waren, und meinten weit zu sein von der Kinderzeit, nahmen wir es wieder in die Hand, und wieder hielt es uns, wie sehr hielt es uns wieder! In der Jugend unseres Herzens, in der Einsamkeit unserer Seele fanden wir uns in einer sehr großen Stadt, die geheimnisvoll und drohend und verlockend war, wie Bagdad und Basra. Die Lockungen und die Drohungen waren seltsam vermischt; uns war unheimlich zu Herzen und sehnsüchtig; uns grauste vor innerer Einsamkeit, vor Verlorenheit, und doch trieb ein Mut und ein Verlangen uns vorwärts und trieb uns einen labyrinthischen Weg, immer zwischen Gesichtern, zwischen Möglichkeiten, Reichtümern, düstern, halbverhüllten Mienen, halboffenen Türen, kupplerischen und bösen Blicken in den ungeheuren Bazar, der uns umgab: wie glichen wir diesen weit von der Heimat verirrten Prinzen, diesen Kaufmannssöhnen, deren Vater gestorben ist, und die sich den Verführungen des Lebens preisgeben, wie meinten wir ihnen zu gleichen; gleich einer magischen Tafel, worauf eingelegte Edelsteine, wie Augen glühend, wunderliche und unheimliche Figuren bilden, so brannte das Buch in unseren Händen: wie die lebendigen Zeichen dieser Schicksale verschlungen ineinanderspielten, tat sich in unserem Inneren ein Abgrund von Gestalten und Ahnungen, von Sehnsucht und Wollust auf. Nun sind wir Männer, und dieses Buch kommt uns zum dritten Male entgegen, und nun sollen wirs erst wirklich besitzen.

Was uns früher vor Augen gekommen ist, waren Bearbeitungen und Nacherzählungen; und wer kann ein poetisches Ganzes bearbeiten, ohne seine eigentümlichste Schönheit, seine tiefste Kraft zu zerstören? Das eigentliche Abenteuer freilich ist unverwüstlich und bewahrt, nacherzählt und wiederum nacherzählt, seine Kraft; aber hier sind nicht bloß Abenteuer und Begebenheiten, hier ist eine poetische Welt – und wie wäre es uns, wenn wir den Homer nur aus der Nacherzählung seiner Abenteuer kennten. Hier ist ein Gedicht, woran freilich mehr als einer gedichtet hat; aber es ist wie aus einer Seele heraus, es ist ein Ganzes, es ist eine Welt durchaus. Und was für eine Welt! Der Homer möchte in manchen Augenblicken daneben farblos und unnaiv erscheinen. Hier ist Buntheit und Tiefsinn, Überschwang der Phantasie und schneidende Weltweisheit; hier sind unendliche Begebenheiten, Träume, Weisheitsreden, Schwanke, Unanständigkeiten, Mysterien; hier ist die kühnste Geistigkeit und die vollkommenste Sinnlichkeit in eins verwoben. Es ist kein Sinn in uns, der sich nicht regen müßte, vom obersten bis zum tiefsten; alles was in uns ist, wird hier belebt und zum Genießen aufgerufen.

Es sind Märchen über Märchen, und sie gehen bis ans Fratzenhafte, ans Absurde; es sind Abenteuer und Schwanke, und sie gehen bis ins Groteske, ins Gemeine; es sind Wechselreden, geflochten aus Rätseln und Parabeln, aus Gleichnissen, bis ins Ermüdende: aber in der Luft dieses Ganzen ist das Fratzenhafte nicht fratzenhaft, das Unzüchtige nicht gemein, das Breite nicht ermüdend, und das Ganze ist nichts als wundervoll: eine unvergleichliche, eine vollkommene, eine erhabene Sinnlichkeit hält das Ganze zusammen.

Wirklich, wir kannten nichts, da wir nur die Begebenheiten aus diesem Buche kannten; sie konnten uns grausig und gespenstisch scheinen; es war nur, weil sie aus der Luft ihres Lebens gerissen waren. In diesem Buche ist kein Platz für Grausen: das ungeheuerste Leben erfüllt es durch und durch. Die ungeheuerste Sinnlichkeit ist hier Element. Sie ist in diesem Gedicht, was das Licht in den Bildern von Rembrandt, was die Farbe auf den Tafeln Tizians ist. Wäre sie irgendwo eingeschränkt und durchbräche an einzelnen Stellen diese Schranken, so könnte sie beleidigen; da sie ohne Schranken dies Ganze, diese Welt durchflutet, ist sie eine Offenbarung.

Wir bewegen uns aus der höchsten in die niedrigste Welt, vom Kalifen zum Barbier, vom armseligen Fischer zum fürstlichen Kaufherrn, und es ist eine Menschlichkeit, die uns umgibt, mit breiter, leichter Woge uns hebt und trägt; wir sind unter Geistern, unter Zauberern, unter Dämonen und fühlen uns wiederum zu Hause. Eine nie hinfällige Gegenständlichkeit malt uns die herrlich mit Fliesen belegte Halle, malt uns den Springbrunnen, malt uns den von Ungeziefer wimmelnden Kopf einer alten Räubermutter; stellt den Tisch hin, deckt ihn mit schönen Schüsseln, tiefen Gefäßen, läßt uns die Speisen riechen, die fetten und die gewürzten und die süßen, und die in Schnee gekühlten Tränke aus Granatkernen, ge-

schälten Mandeln, stark mit Zucker und duftendem Gewürz ange-
setzt, stellt mit der gleichen Lust uns den Buckel des Buckligen hin
und die Scheußlichkeit böser alter Männer mit geiferndem Munde
und schielenden Augen; läßt den Eseltreiber reden und den Esel,
den verzauberten Hund und das eherne Standbild eines toten Kö-
nigs, jeden voll Weisheit, voll Wahrheit; malt mit der gleichen Gelassenheit, nein, mit dem gleichen ungeheuern Behagen das Pack-
zeug eines abgetriebenen Esels, den Prachtzug eines Emirs und von
Gebärde zu Gebärde, schrankenlos, die erotische Pantomime der
Liebenden, die nach tausend Abenteuern endlich ein erleuchtetes,
starkduftendes Gemach vereinigt.

Wer möchte versuchen, ein durchaus wundervolles Gewebe, wie
dieses, aufzutrennen? Und dennoch fühlen wir uns verlockt, dem
Kunstmittel nachzuspüren, welches an tausend Stellen angewandt
sein muß, daß eine so ungeheure Masse des Stoffes, mit der äußers-
ten Realität behandelt, uns mit ihrer Wucht nicht beklemme, ja auf
die Dauer unerträglich werde. Und das Gegenteil tritt ein: je länger
wir lesen, desto schöner geben wir dieser Welt uns hin, verlieren
uns im Medium der unfaßlichsten, naivsten Poesie und besitzen uns
erst recht; wie man, in einem schönen Wasser badend, seine Schwe-
re verliert, das Gefühl seines Leibes aber als ein genießendes, zaube-
risches erst recht gewahr wird. Dies führt uns in die innerste Natur
orientalischer Poesie, ja ins geheime Weben der Sprache; denn dies
Geheimnisvolle, das uns beim höchsten gehäuften Lebensanschein
von jeder Beklemmung, jeder Niedrigkeit entlastet, ist das tiefste
Element morgenländischer Sprache und Dichtung zugleich: daß in
ihr alles Trope ist, alles Ableitung aus uralten Wurzeln, alles mehr-
fach denkbar, alles schwebend. Die erste Wurzel ist sinnlich, primi-
tiv, konzis, gewaltig; in leisen Überleitungen gehts von ihr weg zu
neuen verwandten, kaum mehr verwandten Bedeutungen; aber
auch in der entferntesten tönt noch etwas nach vom Urklang des
Wortes, schattet noch wie in einem trüben Spiegel das Bild der ersten Empfindung. Von diesem ihrem Wesen sehen wir die Sprache
und die Poesie – auf dieser Stufe sind sie eines – hier den unbewuß-
testen und unbegrenztesten Gebrauch machen. In einer schranken-
losen Gegenständlichkeit der Schilderung scheint die Materie
überwuchtend auf uns einzudringen: aber was uns so nahekommt,
daß es uns beleidigen könnte, wofern es nur auf den nächsten Wort-

sinn beschränkt wäre, löst sich vermöge der Vieldeutigkeit des Ausdrucks in einen Zaubernebel auf, daß wir hinter dem nächsten Sinn einen anderen ahnen, von dem jener übertragen ist. Den eigentlichen, ersten verlieren wir deswegen nicht aus dem Auge; aber wo er gemein war, verliert er sein gemeines Geheimnis, und oft bleiben wir mit dem aufnehmenden Gefühl in der Schwebe zwischen dem, was er versinnlicht, und einem Höheren dahinter, das bis zum Großartigen, zum Erhabenen uns blitzschnell hinleitet. Ich meine es einfach und möchte verstanden werden. Aber da ich von einer Trope, von einer übertragenen Bedeutung rede, so wird der Verstand des Lesers seine angewohnte Bahn gehen und nicht dorthin, wo ich ihn haben will, und wird an einen transzendentalen Sinn, eine verborgene höhere Bedeutung denken, wo ich ein weit minder künstliches und weit schöneres, das ganze Gewebe dieser Dichtungen durchsetzendes Phänomen aufzeigen möchte: diese Sprache – und es ist die Sache einer vortrefflichen Übersetzung, daß wir durch sie hindurch die Nacktheit der Originalsprache müssen spüren können wie den Leib einer Tänzerin durch ihr Gewand –, diese Sprache ist nicht zur Begrifflichkeit abgeschliffen; ihre Bewegungsworte, ihre Gegenstandsworte sind Urworte, gebildet, ein grandioses, patriarchalisches Leben, ein nomadisches Tun und Treiben, lauter sinnliche, gewaltige, von jeder Gemeinheit freie, reine Zustände sinnlich und naiv, unbekümmert und kraftvoll hinzustellen. Von einem solchen urtümlichen Weltzustand sind wir hier weit entfernt, und Bagdad und Basra sind nicht die Gezelte der Patriarchen. Aber noch ist die Entfernung keine solche, daß nicht eine unverwüstete, von Anschauung strotzende Sprache diesen modernen Zustand an jenen uralten tausendfach zu knüpfen vermöchte. Um eine laszive Gebärde, einen frechen Griff nach der Schüssel, ein gieriges Fressen und Hinunterschlingen köstlicher Speisen, eine brutale Züchtigung, eine fast tierische Regung von Furcht oder Gier nur bloß auszudrücken, sind ihr keine anderen als jene Urworte und Wendungen zur Verfügung, an denen immer etwas Großartiges hängt, etwas Ehrfurchtgebietendes und Naives, etwas von geheiligter Natur, grandiosen Zuständen, ewiger Reinheit. Es ist keine Ausschmückung gewollt, keine Hindeutung auf Höheres, kein Gleichnis; kein anderes Gleichnis zumindest, als eines, das dienen solle, das Sinnliche noch sinnlicher, das Lebendige noch lebhafter zu malen: es wird nicht der Mund groß aufgetan, um eine höhere Welt herbeizurufen, es ist nur wie ein Atmen durch die Poren, aber wir atmen durch die Poren dieser naiv poetischen Sprache die Luft einer uralt-heiligen Welt, die von Engeln und Dämonen durchschwebt wird und in der die Tiere des Waldes und der Wüste ehrwürdig sind wie Erzväter und Könige. So wird das Gemeine, die schamlose Einzelheit, ja das Schimpfwort nicht selten wie ein Fenster, durch das wir in eine geheimnisvoll erleuchtete Ahnenwelt, ja in noch höhere Geheimnisse hineinzublicken meinen.

Sehen wir so die grenzenlose Sinnlichkeit von innen her mit eigenem Lichte sich erleuchten, so ist zugleich dies Ganze mit einer poetischen Geistigkeit durchwoben, an der wir mit dem lebhaftesten Entzücken vom ersten Gewahrwerden zum vollen Begriff uns steigern. Eine Ahnung, eine Gegenwart Gottes liegt auf allen diesen sinnlichen Dingen, die unbeschreiblich ist. Es ist über dieser Wirrnis von Menschlichem, Tierischem und Dämonischem immer das strahlende Sonnenzelt ausgespannt oder der heilige Sternenhimmel. Und wie ein sanfter, reiner, großer Wind wehen die ewigen, einfachen, heiligen Gefühle: Gastlichkeit, Frömmigkeit, Liebestreue, durch das Ganze hin. Da ist, um von tausend Seiten eine aufzuschlagen, in der Geschichte von Allischar und der treuen Summurud, ein Augenblick, den ich nicht für irgendeine erhabene Stelle unserer ehrwürdigsten Bücher tauschen möchte. Und es ist fast nichts. Der Liebende will seine Geliebte befreien, die ein böser alter Christ ihm gestohlen hat. Er hat das Haus ausgekundschaftet, er ist um Mitternacht unter dem Fenster, ein Zeichen ist verabredet, er soll es nur geben, doch muß er noch eine kurze Frist warten. Da überfällt ihn so ungelegen als unwiderstehlich, als hätte das Geschick aus dem Dunkel ihn lähmend angehaucht, ein bleierner Schlaf. »Sitzend im Dunkel der Mauer, unter dem Fenster«, heißt es, »schlief er ein. Ruhm und Preis Ihm, den niemals Schlummer befällt.«

Ich weiß nicht, welchen Zug aus Homer oder Dante ich neben diese Zeilen stellen möchte: so aus dem Nichts in ein wirres Abenteuer hinein das Gefühl Gottes aufgehen zu lassen wie den Mond, wenn er über den Rand des Himmels heraufkommt und in das Menschenleben hineinblickt. Was aber wäre von den Weisheitsreden der Vögel und anderen Tiere zu sagen, von den tiefsinnigen Antworten der wunderbaren Jungfrauen, von den ans Herz gehenden Sprüchen und Wahrheiten, die sterbende Väter und alte weise

Könige ins Ohr der jungen Menschen träufeln, und von den unerschöpflichen Wechselreden, mit denen die Liebenden ihr Glück und
die Last ihres Entzückens gleichsam von sich entfernen, über sich
hinausheben, dem Dasein zurückgeben. Und wie sie ihr Glück über
sich heben, indem sie es in den Worten der Dichter, in den Worten
heiliger Bücher aussprechen, so hebt der Knabe seine Schüchtern-
heit, der Bettler seine Armut, der Durstende seinen Durst über sich
hinaus. Indem die frommen, reinen Worte der Dichter in jedem
Munde sind wie die Luft, an der jeder Anteil hat, ist von allen Dingen die Niedrigkeit genommen; über Tausenden verflochtener Ge-
schicke schwebt rein und frei ihr Ewiges, in ewig schönen, unver-
gänglichen Worten ausgesprochen. Diese Abenteuer, deren ganzer
Inhalt ein gieriges Trachten ist, ein verworrenes Leiden und ein
unbedingtes Genießen, scheinen nur um der erhabenen, über ihnen
schwebenden Gedichte willen da – aber was wären diese Gedichte,
was wären sie uns, wenn sie nicht aus einer Lebenswelt hervorstie-
gen?

Unvergleichlich ist diese Lebenswelt, und durchsetzt von einer
unendlichen Heiterkeit, einer leidenschaftlichen, kindlichen, unaus-
löschlichen Heiterkeit, die alles durcheinanderschlingt, alles zuei-
nanderbringt, den Kalifen zum armen Fischer, den Dämon zum
Hökerweib, die Schönste der Schönen zum buckligen Bettler, Leib
zu Leib und Seele zu Seele. Wo hatten wir unsere Augen, da wir
dies Buch ein Labyrinth und voll Unheimlichkeit fanden? Es ist
unsäglich fröhlich. Noch das böse Tun, das böse Geschehen um-
gaukelt es mit unendlicher Heiterkeit. Der Liebende will seine Geliebte befreien; er ist um Mitternacht unter den Fenstern; sie, im
Dunkeln, harrt seines Zeichens, da überfällt ihn ein bleierner Schlaf.
Ein riesenhafter Kurde, der grausamste, schändlichste Räuber von
vierzig, gerät in die Straße, sieht den Schlafenden, erlauscht die
Harrende; er klatscht aufs Geratewohl in die Hände, die schöne
Summurud läßt sich auf seine Schultern hinab, und er galoppiert
dahin, die schöne leichte Last tragend, als wäre es nichts. Sie wun-
dert sich seiner Kraft. »Ist dies Allischar?« fragt sie sich, »der da
unter mir hintrabt, unermüdlicher als ein junger Gaul? Kann dies
mein Liebster sein, der mir schrieb, er wäre vor Gram und Sehnsucht nach mir abgezehrt und matt, nahe am Tod?« Und er galoppiert dahin, und sie wird ängstlicher, und da er ihr nicht antwortet,

fährt sie ihm mit der Hand ins Gesicht: »da war es das Gesicht des greulichen Kurden, rauh und stachlig, es war anzufühlen wie die Schnauze eines Schweines, das in seiner Gier ein Huhn lebendig verschluckt hat, und die Schwanzfedern stehen ihm zum Halse heraus«. Es ist frevelhaft, das einzelne so herauszureißen – aber diese Situation, diese Erwägung, dies Nachdenken der Schönen, während sie durch die Nacht hinsaust auf den Schultern des wüsten Räubers, dieser Augenblick der Entdeckung und dies unglaubliche Gleichnis, das uns mit eins in den hellen Tag, ins Gehöfte hinausweist und das man nicht vergißt – ich weiß nicht, wo Ähnliches zu finden wäre, außer dann und wann an den heitersten, naivsten, frechsten Stellen der Komödien des bezaubernden Lope de Vega. Wo hatten wir unsere Sinne, als wir dies Buch unheimlich fanden! Es ist ein Irrgarten, aber ein Irrgarten der Lust. Es ist ein Buch, das ein Gefängnis zum kurzweiligen Aufenthalt machen könnte. Es ist, was Stendhal davon sagte. Es ist das Buch, das man immer wieder völlig sollte vergessen können, um es mit erneuter Lust immer wieder zu lesen.

Worte zum Gedächtnis des Prinzen Eugen

Wenn wir das Andenken großer Männer feiern, so geschieht es, um uns mit großen Gedanken vertraut zu machen, zu verbannen, was zerknirscht, was den Aufflug lahmen kann. Güterverlust läßt sich ersetzen, über andern Verlust tröstet die Zeit; nur ein Übel ist unheilbar: wenn der Mensch sich selbst aufgibt.

Johannes v. Müllers Rede auf Friedrich den Großen

Grossen Schwierigkeiten muss das Gemüt, wenn es sich nicht selber verlieren will, neuen und immer neuen Aufschwung entgegensetzen; die Kraft hierzu kann ihm nur der Geist verleihen. Wenn das Geschehen übermächtig und furchtbar wird und wie ein Gewölk über dem Meere sich aus dunklen Tiefen unablässig erneuert, das mit Opfern Errungene zeitweilig wieder dahinfällt, unsägliche Anstrengung vergeudet erscheint, wissen wir nicht aus noch ein. Unser Geist schweift angstvoll umher nach einem Sinn solchen Geschehens; auch über das Härteste könnte er sich beruhigen, wo er die höhere Notwendigkeit erkennte. Die Gewalt aber, die scheinbar gleichgültig über alle hinschreitet, ist zu stark für unsre Fassung; wahllos sehen wir sie die Einzelnen zu Tausenden und Tausenden vernichten, da müssen wir uns selber, die wir Einzelne sind, bis zur Vernichtung gedemütigt fühlen. Die Liebe selbst, in der wir erst wahrhaft leben, wird von einem unbegreiflichen Gedanken ins Herz zurückgeängstet, sie getraut sich nicht mehr, an dem Einzelnen zu haften, und doch behauptet sich auch in einer solchen Lage das Tiefste unsrer Natur, ein großes Wort vermag uns für Augenblicke aufzurichten, die Erzählung einer herrlichen Tat setzt alle unsre Kräfte in Bewegung. Nie sind wir würdiger als in dieser Verfassung, unsre Gedanken auf einen großen Mann zu richten.

Jetzt steht uns die Gewalt vor Augen, gegen die er sich zu behaupten hatte; wie er gerungen und womit er gerungen, wovon in gewöhnlichen Verhältnissen wir auch nicht die Vorstellung aufbringen, jetzt tritt es uns vor die Seele. Die Vergangenheit erscheint nicht als ein abgeschlossenes, friedlich daliegendes Bild, wir erkennen sie in steter furchtbarer Bewegung wie unsre eigene Zeit, und das Leben der Völker enthüllt sich uns als ein unablässiges Gegeneinander; nur in welchem Verhältnis sie als Gegner antreten und sich verbünden, wechselt. Wir sehen eine große, für ein Vierteljahrtausend entscheidende Epoche, Europa in Brand, und die Linie des Kampfes gezogen von Lille bis Belgrad, wie heute; aus diesen Kämpfen, erfahren wir, wird unser Österreich geboren. Wir sehen nicht, daß es geschehen konnte, nur daß es geschah; wir erkennen nirgend den vorgezeichneten Weg, nur daß immer alles unsicher, zerfahren und bedrohlich war, und daß einer es war, der das Mögliche schuf, wo keinem stumpferen Blick ein Mögliches vorher erschienen wäre; da wird unsre Brust frei, wir fühlen, was ein Mensch vermag, die Gewalt des Geistes hebt uns empor, wir vermögen eines Menschen Großheit zu erkennen und müssen ihn unbedingt lieben; so stehen die heutigen Preußen zu ihrem Friedrich, so wir Österreicher zu dem größten Österreicher, zu Eugen von Savoyen.

Zwischen ihm und uns liegt freilich ein Vierteljahrtausend; aber was soll uns dieser Schein? Der Materie ist auch der eben verflossene Augenblick unwiederbringlich dahin, ihrem dumpfen Reich müssen wir das ungeistige Walten vieler zurechnen, die noch vor Dezennien, vor wenigen Jahren Lebende waren: der Geist kennt nichts als Gegenwart. Dem Geiste nach ist Prinz Eugen ein Lebender unter uns, seine Taten erneuern sich in diesen Kriegstaten unsres Geschlechts, und seine unverweslichen Gedanken sind das einzige politische Arkanum in einer ungewissen, zukunftsschwangeren Gegenwart. Die schöpferische Gewalt eines solchen Mannes ist ohne Grenzen, und ihren Wirkungen hat es nichts an, ob Generationen dahingehen, die nicht fähig sind, zu erkennen, wer die Fundamente legte, auf denen der Umkreis ihres Daseins ruht. Aber wenn sich die große Krise der Weltgeschichte erneuert, wenn in schweren Stunden das Gemüt der Denkenden mit Entschiedenheit verlangt, hinter dem Unzulänglichen, das als halbvergangenes Geschehen sich schwer auf die Seele legt, ein Höheres zu erkennen, dem es den Zoll unbedingter Ehrfurcht entrichten kann, wenn das Verworrene und kaum zu Entwirrende, die Zerfahrenheit und die wechselseitige Verschuldung durch einen Strahl aus höheren Welten gespalten werden muß, sollen wir dem Druck der Gegenwart standhalten, so tritt die Gestalt dieses Heros aus dem ehrwürdigen Dunkel, und Staunen durchfährt uns: jedes Atom an ihr ist lebendig.

Österreich ist das Reich des Friedens, und es wurde in Kämpfen geboren; es ist seine Schickung, daß es Gegensätze ausgleiche, und es muß sich in Kämpfen behaupten und erneuen. Der Mann, der diesen Staat aus dem Chaos in die Welt des Gestalteten zu rufen hatte, mußte ein großer Feldherr sein und zugleich der höchsten Staatskunst mächtig. So war Eugen: ein gewaltiges Jahrhundert hatte ihn geboren; unter den riesigen Söhnen jener Zeit, Richelieu, Wallenstain, Kurfürst Friedrich Wilhelm von Brandenburg, Wilhelm von Oranien, hebt sich auch seine Gestalt empor; in der unerschütterlichen Folge seiner Entschlüsse und der Gewalt, sie auszuführen, weicht er ihrer keinem, noch auch in der fortwirkenden, Jahrhunderte durchdauernden Großheit des Erreichten; durch die Reinheit und Redlichkeit seines Gemütes, den Reichtum und die Anmut seines Geistes bei so gewaltigem Tun ist er unsrem Herzen lebendiger und näher als irgendeiner jener andern.

Aus fremdem Land rief ihn sein Geschick hierher, so rief ein Jahrhundert später Frankreichs Geschick Napoleon von seiner Insel. Er war ein Fürstensohn und hatte über diesem eine fürstliche Seele; es war ihm eingeboren, daß er nur dem Herrn dienen konnte, der ihm das Höchste verkörperte. So kam er hierher und diente dem Kaiser und dem Reich. Er kam aus der Fremde, er hat die deutsche Sprache nie beherrschen gelernt, und er wurde ein deutscher Nationalheld; allezeit und auf allen Schlachtfeldern Europas haben Deutsche unter ihm gefochten; die verbrannte Pfalz und das verwüstete unterrheinische Land hat er gerächt; Straßburg und Metz gewann er wieder, wo nicht die sittlichen Kräfte – mehr als die kriegerischen – des erniedrigten, zerspaltenen Deutschland ihm versagten. Wien war des römischen Kaisers Residenz; so kam Eugen nach Österreich, sich sein Geschick zu suchen, und er schuf unser Geschick. Das Entscheidende lag in ihm; die Mittel, die Gelegenheiten bot das Glück. Ein Reiterkommando und eine große Epoche, dies war, was ihm gegeben war. Vor Wien lagen die Türken; Ungarn war ihr Land, die Erblande schutzlos. Von Westen her drohte ein Frankreich, wie es kühner, übergreifender nur einmal wieder dagestanden hat; nur ob er für sein Haupt oder für das des Dauphin die römische Kaiserkrone verlangen werde, war Ludwig XIV. im Schwanken; nicht über die Gestalt, die er Europa zu geben gewillt war. Ungarn und Polen waren zu vereinigen; an ihrer Spitze eine

Herrschaft des Adels, ein gemeinsamer Reichsrat oder ein König, ein vasallisches Werkzeug von Frankreichs Thron dieser wie jener. Tirol kam an die Schweizer Eidgenossen zur Bildung einer »granitnen Neutralitätswand«, österreichischen Heeren den Weg nach Italien zu verschließen. Beide Sizilien an Frankreich, die Barbareskenstaaten zerstört und kolonisiert, Ägypten französische Provinz. Wer denkt nicht bei einer so gewaltigen durchgreifenden Politik, bei dieser größten und aussichtsreichsten Bedrohung, welcher das Herz Europas ausgesetzt war, an den heutigen Tag und erkennt die Staaten als ein Lebendiges und ihren Machtwillen als das Leben ihres Lebens? In diese Konstellation tritt ein großer Mann und gibt der Landkarte Europas für ein Jahrhundert eine genaue Zeichnung, für ein Vierteljahrtausend uns die großen Richtlinien des politischen Bestehens.

Mit neunundzwanzig Jahren war Eugen von Savoyen kaiserlicher Feldmarschall. Er schlägt sieben Hauptschlachten der Weltgeschichte; durch die Siege von Zenta, Peterwardein, Belgrad nimmt er den Türken für ewige Zeiten Ungarn ab; bei Höchstädt gewinnt er Bayern und Deutschland, bei Turin das obere Italien, durch Oudenarde und Malplaquet die Niederlande. Er ist der große Stratege seiner Zeit, der anerkannte Lehrer Friedrichs des Großen; einer der sieben Feldherren aller Jahrhunderte, deren Heereszüge Napoleon des Studiums der Nachwelt wert hielt. Keine Trägheit des Vorstellungsvermögens darf uns verführen, die Schlachten jenes höchst kriegerischen Jahrhunderts um der geringeren Zahl der Streitkräfte und des minder ausgebildeten Geschützes willen für leichter zu lösende Aufgaben zu halten, als es die heutigen Schlachten sind. In jeder Epoche drängt sich in solche Entscheidungen das Höchste an Forderungen zusammen, die an Menschen gestellt werden können. Immer gleich bliebe, wenn sie errechenbar wäre, die geheimnisvolle Kurve, in der sich das Verhältnis des schöpferischen Geistes zu den jeweils erlernbaren handwerkmäßigen Bedingungen und Umständen des Krieges ausspräche, und immer gleich selten und kostbar bleibt die Erscheinung des großen Heerführers. Eugens Schlachten zählen zu den blutigsten jener blutigen Epoche, seine Märsche zu den erstaunlichsten, seine Entschließungen in schwieriger Lage zu den kühnsten und erfolgreichsten, welche die Kriegsgeschichte kennt. Jede seiner kriegerischen Großtaten trägt den Stempel eines großen, wahrhaft ursprünglichen Geistes: der seinen Zeitgenossen kaum faßliche Alpenübergang bei Rovereto mit Reiterei und Geschütz, indes der Feind ihn am Ausgang der Veroneser Klause erwartet; bei Chiari das Herankommenlassen des überlegenen Feindes bis dicht an die Laufgräben; bei Höchstädt der Bachübergang in vollem feindlichen Feuer; bei Malplaquet die unerhörte Wucht des entscheidenden Stoßes; bei Zenta das Erreichen des Feindes im Augenblick des Überschreitens der Theiß; der Handstreich von Cremona, und endlich Belgrad, die Tat aller Taten, wo der Belagernde, mit seinem durch Seuchen entkräfteten Heere vom überlegenen Entsatzheer umringt, selber zum Belagerten geworden, aus einer Lage, die jeder kleinen Seele hoffnungslos erschienen wäre, durch nichts als die Schwungkraft des Genius sich herausreißt, gegen sechsfache Übermacht nach zwei Fronten schlägt und zugleich den Besitz der Feste und den größten Sieg in offener Feldschlacht davonträgt. Mit diesem aber wird nur von einzelnen berühmtesten Taten einzelnes angemerkt; wie wäre es möglich, in Verfolg einer bloßen Rede, die an Großes erinnern, nicht es darstellen will, mehr als die Namen jener ruhmvollen Schlachten einzuflechten? Ruhmvoll, sie waren es, und Kindern gleich tragen sie die Zeichen des väterlichen Geistes an der Stirn. Und dennoch ist eines größer und seltener noch als die Feldherrntugend, mit der er vierundzwanzig Schlachten schlug: daß er die Weisheit hatte, die Schlacht und den Sieg einzig nur als ein Werkzeug politischen Vollbringens anzusehen und zu nützen. Es gibt solche unter seinen kriegerischen Aktionen, ja vielleicht sind es die mehreren, von welchen man nicht weiß, ob man sie mit mehr Recht zu den Kunstwerken der Strategie oder der hohen Politik rechnen soll. So war der Einfall von Italien aus in die Provence, so der ganze niederländische Feldzug. Der Krieg ist das Werk der Zerstörung; aber seine größten Meister sind über ihrem Werk; Alexander, Hannibal, Cäsar, Gustav Adolf, Friedrich, Eugen waren schöpferische Politiker über dem, daß sie große Feldherren waren. Eugen, der große Meister des Krieges, war der mäßigste und wirksamste Unterhändler des Friedens. Er schuf Bündnisse und wußte die Allianzen der Gegner zu sprengen. In einer Zeit der verschlagenen Kabinettspolitik ruhte in seinen Händen die diplomatische Vorbereitung der großen, auf weite Ziele eingestellten Aktionen. Wir haben seine Memoires, seine Noten und Briefe. Mit der höchsten Klarheit ist darin die verworrene Gegenwart behandelt, mit der höchsten Voraussicht – seltenste Gabe, und gar in Österreich! – die Zukunft. Aus dem unabsehbaren Material seiner politischen Korrespondenz blickt uns ein Auge an, so feurig, so menschlich, so nahe, so gegenwärtig! Alles, wovon er redet, ist von heute. Denn was er redet, ist Geist, und was der Geist ergreift, bleibt lebendig, denn er ergreift nur das Wesentliche. Wie aber wäre es möglich, hier sein geistiges Walten aufzurufen, wo auf alles bloß hingedeutet werden kann! Er erobert, und wo er erobert, dort sichert er; er gewinnt Provinzen mit dem Schwerte zurück und gewinnt sie auch wirklich. Unversehens blühen ihm unter schöpferischen Händen, und überall, aus kriegerischen Taten die Werke des Friedens hervor. Hinter seinem Heer geht der Pflug und im Walde die Axt der Kolonisten. Er besiedelt das verödete Kroatien, Syrmien, das Banat. Die Warasdiner Grenzer, die Banater Schwaben sind von ihm angepflanzt. Er rodet Dickicht aus, er legt Sümpfe trocken, er baut Straßen und Brücken. Sein Feldherrnstab, das Symbol der zerstörenden Kriegsherrschaft, befruchtet die Länder und weckt das erstarrte Leben auf. Er unterwirft und versöhnt, er vereint und leitet. Dies Heer, in dem zum erstenmal die Ungarn mit Österreichern Seite an Seite fechten, ist das Werk seiner großen Seele. Er gründet, wo er hinkommt, und was er gründet, hat Bestand. Triest ist sein Werk. Er baut, er schmückt, er veredelt, er beschenkt.

Was von ihm getan wurde, hier wäre es dürftig aufgezählt, aber dies sind nur Worte, die Schattenbilder der Taten. Den gedachten Grundriß seiner Taten zu entwerfen, schon dazu hätte es einer großen Seele bedurft – was aber gehörte dazu, sie wirklich zu tun? Ist etwas in uns, das sich aufschwingen kann, diesem Gedanken nachzukommen? Wir fürchten, nein; denn die Tat ist undurchdringlich, wahrnehmbar nur die Folge, das Geschehene. Aber großen Taten nachzudenken, ist dennoch fruchtbar, und ein Etwas bringen wir davon in unsre Seele, wenn wir uns mühen, und gewinnen Mut und eine unzerstörbare Ahnung des Höheren. Ein Heer zu führen und immer wieder zu führen, wie er es führte, zu Schlachten und neuen Schlachten, Belagerungen und neuen Belagerungen, neununddreißig Jahre lang. Es heraufzuführen von der Save in die Lombardei und wieder zurück durch Tirol nach Bayern und an den Rhein und wiederum hinab ins Banat und wieder herauf nach Flandern. Und dreizehnmal verwundet hinzusinken und wieder aufs

Pferd, wieder ins Zelt, wieder in den Laufgraben. Und sein Adlerblick über alle diese Dinge, über das Heer und den Troß und die Artillerie und das Gelände und den Feind. Und ein winziges Stoßgebet vor dem Beginn der Aktion, dieses sein »Mon Dieu!« mit einem Blick zum Himmel, und dann das Zeichen »Avancez!« mit einer einzigen kleinen Bewegung seiner Hand. Er, der so viel von den Leiden des Krieges wußte! Von den zerschmetterten Leibern, dem Wehgeschrei der Verwundeten, dem furchtbaren Geruch des Schlachtfeldes, den Qualen der Packknechte, den Seuchen, den brennenden Dörfern, den greulichen Kämpfen in den Approchen, den Brandgranaten, dem Hunger, der Nässe. Dies alles immer wieder nach vorne zu bewegen, durch die einzige Kraft seines Willens. Und es am Leben zu erhalten, es mit Lebenskraft zu durchsetzen, es zu entlohnen, es zu nähren, es mit seinem Geist zu durchdringen, neununddreißig Jahre lang. Welche Arbeit des Herkules! Und der unabsehbare beständige Kampf nach rückwärts hin, gegen die Mißgunst, den Neid, die Torheit, die Unredlichkeit. Dies unabsehbare Durchgreifenmüssen, der Kampf gegen die Anciennität, »diese Mutter der Eifersucht, des Eigensinns und der Kabale«; der Kampf ohne Rast und ohne Ende gegen den amtlichen Dünkel, die Intrige, die dumme Verleumdung, die geistreiche Niedertracht. Eine Welt von Feinden vor ihm; welch eine Welt aber hinter ihm: aus einer Wurzel entsprossen, dem österreichischen Erbübel, aber in tausend Schößlingen auftreibend; die Wurzel immer die gleiche: Trägheit der Seele, dumpfe Gedankenlosigkeit, die geringe Schärfe des Pflichtgefühles, die Flucht aus dem Widrigen in die Zerstreuung, nicht Schlechtigkeit zumeist, aber ein schlimmeres, verhaßteres Übel, einer schweren dumpfen Leiblichkeit entsprungen – im Kampf mit diesem allen bis ans Ende und nie ermüdet, und Sieger und Schöpfer, Organisator der widerspenstigsten Materie – ein Mensch, ein großer, guter Mensch und in ihm verborgen das Geheimnis aller Geheimnisse: schöpferische Natur. Unversiegbar in ihm ist die Liebe zu diesem Österreich und in dieser Liebe der feste Punkt, von dem aus er die Welt aus den Angeln hob; und die Krone von Polen, der Herzogsmantel von Mantua zurückgewiesen aus dieser Liebe heraus. Eine fürstliche Seele, die in der Welt gesucht hatte, wem sie dienen könne, und die dann diente bis ans Ende.

Es ist alles, im Großen, so verblieben, wie er es hinter sich ließ, denn die Staaten verändern nicht ihr Wesen, und zwei Jahrhunderte sind eine geringe Zeit in der Geschichte. Jung, rein und unversehrt sind heute noch die Völker, wie er sie mit dem Goldband seiner Taten zusammenband. Lange waren die Herzen von dumpfen, stockenden Zeiten gequält, bis zum Verzagen, nun sind sie betäubt vom ungeheuerlichen Geschehen; aber unerschöpfliche Hoffnung geht ihnen allen aus von dieser einen Gestalt: Eugen. Dies Österreich ist ein Gebilde des Geistes, und immer wieder will eine neidische Gewalt es zurückreißen ins Chaos; unsäglich viel aber vermag ein Mann, und immer wieder, im gemessenen Abstand, ruft ja die Vorsehung den Mann herbei, von dem das Gewaltige verlangt wird und der dem Gewaltigen gewachsen ist.

Rede auf Beethoven

Zum 150. Geburtstage

Einhundertfünfzig Jahre sind ein gewaltiger Zeitraum, gemessen am Leben des Menschen. Die Nation aber mißt mit anderen Maßen, und jenes Damals ist ihr ein Gestern. Damals war über der deutschen Nation eine Zeit wie junger Morgen, aufsteigend gegen hohen Mittag. Die Stunde im Leben des Volkes, die heute geschlagen hat, wüßten wir kaum zu benennen. Aber wir müssen sie aufwarten und fest und ruhig in ihr stehen: das ist unser Teil.

Mozart war da, und hier in diesen Gemarken, wo sich das neue und alte Europa berühren, an diesem Grenzstrich zwischen römischem, deutschem und slawischem Wesen, hier war die Musik entstanden, die deutsche Musik, die europäische Musik, die wahre, ewige Musik unseres Zeitalters, die volle Erfüllung, natürlich wie die Natur, unschuldig wie sie. Aus den Tiefen des menschlichsten der deutschen Stämme hervorgestiegen, trat sie vor Europa hin, schön und faßlich wie eine Antike, aber eine christliche, gereinigte Antike, unschuldiger als die erste. Aus den Tiefen des Volkes war das Tiefste und Reinste tönend geworden; es waren Töne der Freude, ein heiliger, beflügelter, leichter Sinn sprach aus ihnen, kein Leichtsinn; seliges Gefühl des Lebens; die Abgründe sind geahnt, aber ohne Grauen, das Dunkel noch durchstrahlt von innigem Licht, dazwischen die Wehmut wohl – denn Wehmut kennt das Volk –, aber kaum der schneidende Schmerz, niemals der Einsamkeit starrendes Bewußtsein. Für ewig hatte dieses junge Volk der Deutschen, das späteste in Europa, das neugeborene aus dem Grab eines dunkeln Jahrhunderts, seine Stimme gewonnen, und ihr Wohllaut fließe ewig durch die aufeinanderfolgenden Geschlechter hin und sei gesegnet, und das Volk erkenne in ihm den innersten Klang seiner frommen und freudigen Seele: aber wer ist Beethoven, daß wir trotz Mozart ihn heute feiern, in der dunklen, ungewissen Stunde, als einen, der keinem weicht; daß wir heute sagen: Jener war der Einzige, Er aber war der Gewaltige?

Nicht länger in diesen neueren Zeiten bleiben die Nationen eine Einheit in sich, wie wir uns die Alten denken oder die großen Völker des Orients: wie ein einziger metallener Stab das ganze Volk, einen vollen Ton gebend unterm Hammerschlag des Schicksals; am wenigsten sie, die zerklüftete von Anbeginn, die deutsche. Myriaden Seelen lösen sich von der innigen Gemeinschaft und bleiben, Gelöste, ihr doch schwebend verbunden: unantiken Gepräges, die neueren Menschen, Vorväter uns und Brüder zugleich, denn wir sind für dieses Geschlecht wiederum, was sie für ihres waren: die Geistigen; nicht die Blüte der Nation, wer wagte das zu sagen ohne Scham? – auch nicht das Herz, aber doch wohl ihr Flügel, mit dem sie sich hebt über den Abgrund der Sonne entgegen. Nichts war würdig an ihnen, zu bestehen, wofern sie sich abtrennten im Letzten von der Wesensart des Volkes, und doch war Vereinzelung ihnen auferlegt. Furchtbar war und ist ihr Geschick, an ihnen aber hängt doch das Geschick der Nation, und sie sind die Erbvollstrecker der Jahrhunderte. Hin und her geworfen zwischen großem Stolz und Schwachmut, zuzeiten dünken sie sich Göttersöhne – Schöpfer, das ungeheure, fast lästerliche Wort dünkt ihnen nicht zu groß, die Fülle zu malen, die sie in sich tragen; dann aber stürzen sie wieder dahin wie Ikarus. Das Stumme, Ungesellige der Nation, in ihnen ward und wird es zur glühenden Qual. Sie verzehrten sich im Gefühl der unmitteilbaren Fülle. Mitten unter den Menschen waren sie einsam wie die Eremiten. Ihrem Drang zu genügen, kam Werther, der maßlos Liebende, Faust, der maßlos Begehrende; für sie warf Schiller Gestalt auf Gestalt in die Welt, die dem Gesetz der Welt das Gesetz des eigenen einzelnen Herzens entgegenstellte, und hieß in kühnen Reden hochsinnig Gestalt die Gestalt überbieten; für sie horchte Herder, begabt mit maßloser Gewalt des Ohres, in die Jahrhunderte und in die Völker. Aber ihrem Drang war der Werther unzulänglich, der Faust gab ihnen nicht das Letzteste; über Herders Ohr ging ihre Begierde hinaus, das Unhörbare zu erhorchen, und Schillers Gestalten waren die Beredsamkeit ihrer Träume, nicht der Nerv ihrer Taten. Denn dieser Beredsamkeit letztes Ziel war Politik, und danach stand ihnen nicht im tiefsten der Sinn, dazu waren sie zu unreif und zu überreif immer wieder. Sie rangen um das lebendige Wort und um die lebendige Tat, sehnen sich nach dem Unerreichlichen: daß das Wort und die Tat eins sei. Mozarts Klänge waren ihren drangvollen Herzen zu erhaben in ihrer Harmonie und zu irdisch friedevoll. Sie wollten den Redner, der ihr Zerklüftetes in eins brächte und das Übermaß der Empfindung reinigte und heiligte; den Priester, der ihr Herz – hinauftrüge vor Gott wie ein verdecktes Opfergefäß; den Wortführer – aber wie sage ich es? sie wollten den Priester ohne Tempel, den Wortführer gewaltig wie Moses und doch beschwerten, behinderten Mundes; sie wollten den Redner, das Unsägliche zu sagen. Ihre ganze Inbrunst ging auf das, was unerfüllbar schien. Da rief der Genius der Nation noch einen: da trat Beethoven hervor.

Er trat herein in Haydns und Mozarts Welt, wie Adam hereintrat zwischen die vier Ströme des Paradieses. Er glich den Engeln und war nicht ihresgleichen, frommen, aber störrischen Gesichtes: er war der erste Mensch. Sein Verhältnis zur Musik war nicht mehr unschuldig, es war wissend. Das singende, gleichsam mit Menschenstimme sprechende Orchester unter seinen Händen sang nicht mehr reinen Wohllaut, verklärte Harmonie der Schöpfung: es sang eigensinnig des einzelnen Menschen Lust und Weh. Jeder Musiksatz war ein Thron der Leidenschaft. Ihm war Brust und Stimme gegeben, das Heilige aus seinen geheimen Wohnsitzen zu rufen, und er rief es zu sich, dem Einsamen, mit ihm zu ringen und mit ihm zu spielen. Einsam führte er ein tönendes Gespräch mit dem eigenen Herzen, mit der Geliebten, mit Gott, ein stockendes Gespräch, oft ein erhaben-verwirrtes. Aus unzerbrochenem, im Aufruhr noch frommem Gemüt ward er der Schöpfer einer Sprache über der Sprache. In dieser Sprache ist er ganz: mehr als Klang und Ton, mehr auch als Symphonie, mehr als Hymnus, mehr als Gebet: es ist ein nicht Auszusagendes: eines Menschen Gebärde ist darin, der dasteht vor Gott. Hier war ein Wort, aber nicht das entweihte der Sprache, hier war das lebendige Wort und die lebendige Tat, und sie waren eins.

Sein Werk ist nicht volkstümlich und wollte es nicht sein. Aber es ist darin das, was vom Volk emporsteigt in die Einzelnen und dort aufs neue Wesen wird, so wie das ganze Volk ein Wesen ist; darum kann sich zwar das Volk in seinen Werken nicht erkennen, aber die Einzelnen, die vom Volk abgelöst sind und zu ihm gehören, können ihr und ihres Volkes Wesen in ihm erkennen. Dem Mann aus dem Volk gleichend, hatte er eine unzerbrochene, unzerklüftete Seele. Aber er hatte, was das Volk als Ganzes nicht kennt und was die Vielen nicht kennen, die das Wort meist trüglich im Munde führen: geistige Leidenschaft, und aus ihr machte er den Sitz der Musik. Stark war er und beherzt und mutig und unschuldig wie ein Kind;

aber in Ahnung und Aufschwung konnte er sich erheben, wohin kaum je ein Mensch gedrungen war. Aufrichtig war er und wahr; alles im Bereich des Geistes hat er gefühlt und gekannt, nur nicht den Zweifel. Jede Bewegung des Gemüts hat er auszusprechen vermocht, nur nicht den Leichtsinn. Ganz war er: was ihn traf, das traf den ganzen Menschen. Sein Leib war stark und kraftvoll bis zur Derbheit und ausgestattet zu leiden, wie eines Propheten und Mittlers Leib. An dem Sinn, der ihm das Übersinnliche zubrachte, traf ihn die Prüfung und machte ihn ärmer als den gewöhnlichsten Menschen. Darin gleicht er dem Moses, der reden mußte mit Gott für sein Volk und ein Stammler war. Sein Leib und sein Geist waren eins, schließlich blickte sein gewaltiges, störrisches Antlitz genau wie seine Werke, und wo sein Leib ruht, da ist wahrlich eine geheiligte Stätte und das Grab eines Heroen.

Ehre uns und Erhebung auf immer, die wir es umwohnen. Denn ihn trugen, so war es bestimmt, vom fernen Rhein zu uns her die Schritte; Mozart und Haydn, die Unseren, traten ihm entgegen; unsere Landschaft hat ihm mit Rauschen der Bäume und Singen der Vögel das Herz gesänftigt, solange noch ein Laut der Welt in sein Inneres drang; auf unseren Boden hat er sich hingeworfen, in sich hineinzuhorchen, und Grillparzer und Schubert haben seinen Sarg zu Grab getragen.

Feierlich ist dieser Augenblick, da wir eines solchen Menschen gedenken, und wie er unter uns herumging und wie wir den Fuß in die Stapfen seiner Füße setzen – und erhöht dadurch, daß er ein großes Volk in der Erniedrigung trifft. In der lichtlosen Stunde erglänzen die Geschmeide des Himmels, und unter diesen ist er. Es ist nicht die Stunde, Feste zu feiern, aber es ist die Stunde, sich zu sammeln und sich aufzuerbauen. Angegriffen ist diese Nation in ihrem Tiefsten, und unzerbrochen dennoch trägt sie, und trägt nicht knirschend, sondern in tiefen Gedanken. Verschuldung fühlt sie gegen den eigenen Genius und will ihr Herz emporheben über die Verschuldung. In den Einzelnen sucht sie sich wieder herzustellen, der eigenen unerschöpflichen Tiefe dunkel bewußt, und wieder hängt an den Einzelnen das Geschick und an der Jugend, ob sie sich würdig erweise. Abermals zeigt sich das Zeichen der im Tiefsten ungeselligen, unberedsamen Nation. Das Wort der gemeinsamen Sprache, das alle binden sollte zur Einheit, hält alle tausendfach auseinander wie Ketzer und Widerketzer. Die Nation hat im Geistigen nicht einerlei Sprache, so hat sie keinerlei. Ihr fehlt aber und abermals der Seelenmittelpunkt, so liegt sie da, ihres eigenen Daseins nicht mächtig und mit fremden, verworrenen Gedanken wie ein Krankes. Aber die Einzelnen sind des Hohen noch eingedenk, und noch tragen sie in sich aufgebaut den Thron der geistigen Leidenschaft, von wo der glühende Gedanke, nach allen Seiten ausladend, hineilt, zu umfassen ein Ewiges, nie ganz zu Umfassendes. Dem Wort mißtrauend, sind sie unberedsam aus Keuschheit; in ihrem Herzen aber ist sprachlose Sprache, die über allen Sprachen ist, ist Wissen um alle Finsternisse des Daseins und dennoch Hoffnung bis an die Sphären.

In diesem feierlichen Augenblick treten sie ernst zueinander, und wo ihrer nur zwei oder drei beisammen sind, da ragt über ihnen ein Haupt, unausdeutbaren Ausdruckes, störrisch und fromm zugleich – templum in modum arcis – ein Gottestempel in Gestalt einer Burg: Beethovens Haupt.

Wir gedenken seiner in dieser Stunde. Möge er in der gleichen Stunde unser gedenken und durch uns hinziehen mit dem Wehen seiner Kraft und seiner Reinheit.

Napoleon

Zum hundertsten Todestage

Dass ein solches Wesen an einem bestimmten Tag eines bestimmten Jahres gestorben ist, und daß dieser Tag im Ring des Jahrhunderts wiederkehrt, beleuchtet uns grell das Paradoxe unseres Verflochtenseins mit dem hinter uns Liegenden, das wir mit dem Namen »Geschichte« verdecken. Einerseits ist es abgetan wie Sesostris oder Dschingiskhan, andererseits gegenwärtig, sogar leiblich in gewissem Sinne.

Er ist das letzte große europäische Phänomen. Denken wir ihn gelegentlich in geistigen Zusammenhängen, wie Menschenalter, Jahrhundert, so wird nicht er, aber unser auf ihn bezügliches Erlebnis der letzten hundert Jahre – denn die letzten hundert Jahre gehören geistig noch zu unserem Leben – durchsichtig.

Vor siebzig, achtzig Jahren war die europäische Phantasie von ihm erfüllt, aber noch ganz in der Region der Sympathie und Antipathie. Der größte Teil der Franzosen und ein sehr großer der Deutschen, überhaupt die Liberalen aller Nationen standen zu seinem Bilde in einem sentimentalen Verhältnis; er war das Objekt ihrer Sehnsucht, so äußerst unliberal, ja in gewissem Sinne ein Verächter des Liberalen er auch wieder gewesen war. Das Sentimentale schlug sich nieder in unzähligen Anekdoten, zum Teil in Gedichtform. Die Figur des kleinen Korporals, die Lieder von Béranger gehören hierher. Mit allem, was mit ihm irgendwie zusammenhing, wurde ein Kult getrieben: mit seinem Sohn, dem Herzog von Reichstadt, so gut als mit seinem kleinen dreieckigen Hut. Das Bild des gefangenen Adlers, der mit Zorn und Verachtung in die Stäbe seines Käfigs beißt, grub sich in Millionen Köpfe. Die Überführung der Leiche von St. Helena nach dem Invalidendom war für halb Europa eine Emotion, nicht den historischen Sinn, sondern das Gemüt aufregend; es ging nicht um einen Toten, sondern um eine noch lebende und wirkende Macht. (Das zweite Kaiserreich war die Umsetzung dieses Geistigen in Realität, bis zur Karikatur.) Demgegenüber steht in den gleichen Dezennien die Herabwürdigung und gewollte Kälte der Engländer, wie sie kulminiert in der Napoleonbiographie von Walter Scott. Aber Goethe war groß genug, gleich nach dem Sturz zu sagen: Laßt mir meinen Kaiser in Ruh! und Byrons Haltung war von Anfang an so wie allem Großen gegenüber; er hatte das Organ dafür.

Vor fünfzig Jahren rückte die Gestalt für die Gebildeten aus dem politisch emotionellen Bereich in das der analytischen Forschung. Man beleuchtete seine Abstammung, brachte ihn mit Italien und der Renaissance in näheren Zusammenhang. Er sei von Haus aus ein Kondottiere, durch Verkettung von Umständen erst im XVIII. Jahrhundert hervortretend, mitten in eine welthistorische Krise, die er mit Kälte und Überlegenheit behandelt, wie eine Stadtkrise des XVten. Zugleich wird die Besonderheit seiner Konstitution auseinandergelegt, das stupende Gedächtnis, die Willenskraft, die Fähigkeit, alle seine Kräfte zu kommandieren; daß er eine Angelegenheit mit völliger Drangabe seiner Kräfte behandeln, dann den ganzen Komplex wie in eine Lade legen, die Lade zustoßen, eine andere aufziehen kann; dies alles, so oft er will und immer wieder, ohne Ermüdung. Aber wozu das? Gerade was der Analyse und Interpretation widersteht, bei ihm wie beim Feuer und beim Wasser, davon geht die Gewalt über die Seelen aus. Was sich von ihm eigentlich erhält, ist eine magische Gegenwart. Er ist eines der wenigen Individuen, die von unzähligen Menschen auch heute noch körperlich vorgestellt werden, und zwar eindrucksvoller und genauer, als man meistens die Mitlebenden vorstellt. Von seiner körperlichen Erscheinung sind zwei Bilder fortwirkend. Das eine mager, mit römischem Profil, brennenden Augen, wirrem kurzem Haar, unzählig oft gemalt und idealisiert zum Typus des jungen Genius der Tatkraft und Herrscherschaft. Das andere noch wirklicher, aus den späteren Lebensjahren (aber er war noch nicht sechsundvierzig, als er von der Weltbühne abging), gedrungen, feist, die Gesichtsfarbe gelblich ungesund; das Auge verhältnismäßig klein im gefüllten, undurchdringlichen Gesicht, aber der Blick von rasender Kraft, wenngleich eiskalt; die Stirne immer gespannt, wie in Zorn oder Ungeduld; die Arme gewaltsam ruhig gekreuzt über der von riesenmäßigen Spannungen erfüllten Brust: die ganze Erscheinung beinahe bürgerlich, ganz unromantisch, scheinbar höchst faßlich, in Wirklichkeit aber unzugänglich, – der Analyse widerstrebend, ganz unmittelbar – außer eben durch die Vision. Das eigentlich Treibende, das, wovon im Innern dieser Erscheinung die Seelenlampe sich nährt, kaum mehr erratbar. Denn der Ruhmsinn ist spürbar schon aufgezehrt; eine schneidende Weltverachtung, beständige Gereiztheit, furchtbare Anspannung spricht aus jeder Äußerung; der innere Zustand scheint eine Art luziferischer Verzweiflung, balanciert durch ungeheure, noch immer unerschöpfte Kräfte des Planens und Handelns.

Das Verhältnis der tausend Einzelnen, die eine solche Figur in sich tragen, zu diesem auf nicht mehr vorhandener Wirklichkeit beruhenden Phantasiebild ist kaum auf klärbar: die Emotion, die davon ausgeht, zwischen Schauder und, trotz allem, Liebe; magischer Hingezogenheit und Sich-geschlagen-Fühlen; das ganze Verhältnis des modernen Menschen zu einer aktiven mythischen Gestalt. Der Kern davon, wenn wir eindringen, ist dieser: wir ahnen eine der größten Verwirklichungen des Individuums im okzidentalen Sinn: als Fusion des Fatalen (nicht des Ideellen) mit dem Praktischen. Insofern ist er, wie wenige, von beiden Hemisphären des europäischen Daseins aus gleichzeitig zu gewahren: von der praktisch-politischen und von der geistig-kontemplativen. So wird er, und gerade auch dem Orient gegenüber – und insbesondere gegenüber dem europäischen Orient, das ist Rußland –, zum Sinnbild des europäischen Titanischen und wirklich »quasi Alexander redivivus«. Das von der Renaissance Gewollte, von Wesen wie dem Hohenstaufer Friedrich II., Dante, Lionardo, Michelangelo teils Geliebte, teils Geahnte wird noch einmal Gestalt, das heißt geschichtliche Wirklichkeit und Sinnbild zugleich. Im Sinnbild ist alles beisammen: Allmacht und Sturz, wunderbar Praktisches und fast wahnsinnige Überhebung. Das fasziniert das tiefste Europäische in uns, das auf höchste Anspannung, ja bewußte Überspannung der individuellen Kraft hinauswill, nicht eigentlich am Einzelnen und Praktischen hängt, es aber auch nicht, wie der Orientale, verachten und aus dem Spiel lassen will, sondern es zu unterjochen und einem großen, bis ans Transzendente streifenden Plan unterzuordnen strebt.

Darum, weil er Symbol des handelnden europäischen Individuums ist – oder wie Goethe es ausdrückt: Kompendium der Welt –, geht er jeden an, der handelt oder zu handeln glaubt; darum ist auch jedes neue Detail merkwürdig, das von ihm bekannt wird, und wird begierig aufgenommen. Das Detail hat immer den ungeheuren Hintergrund des Ganzen: worin wir im Wesentlichen das gleiche Ganze, aus Ideen und praktischen Widerständen gemischt, erkennen, mit dem wir als Individuen zu ringen haben. Am ergreifendsten wirkt dann ein Ausspruch wie etwa dieser, getan auf dem Krankenbett, wenige Wochen vor seinem Tode: »Zu denken, daß es mich jetzt mehr Willenskraft kostet, das eine meiner Augen aufzumachen, als früher einmal eine offene Feldschlacht zu liefern.« Man spürt, daß das wörtlich wahr ist, und es wird einem schwindlig, wenn man sich diesen Abgrund von Kraft und Schwäche im Individuum vereinigt vorstellt.

Verstärkend tritt hinzu, daß er, wenn auch aus einem alten Geschlecht, doch aus ganz bürgerlichen Verhältnissen hervorkommt, dies etwa gegenüber Friedrich dem Großen. Der Artillerieleutnant, der in kleinen Garnisonen von der Besoldung lebt und mathematische Bücher studiert: von dieser Basis aus geht es dann ins Ungeheure; und es ist die Basis von immer wieder Millionen Existenzen junger Leute. Er ist nicht zunächst ein übernatürlicher Mensch. Die riesige Willenskraft, die magischen Zwang um sich verbreitet, offenbart sich erst allmählich an den Aufgaben. In gewissen neuen Situationen ist er unsicher, beinahe ängstlich, macht Fehler. (Die Einzelheiten des achtzehnten Brumaire sind in dieser Beziehung erstaunlich.) Der ungeheure Spielersinn entfaltet sich nach und nach, ganz begreiflich aus der mathematischen Anlage. Dazu kommt, als Ausgleich, eine wunderbare Gelassenheit Menschen und Verhältnissen gegenüber. Goethe vergleicht ihn einem Juden mit einem Probierstein in der Hand, der ganz kalt und ruhig auf alles zugeht, es mit einem Strich prüft, ob es Gold, Silber oder Kupfer. Er taxiert die Objekte, auch die ideellen, schwer zu durchschauenden Mächte, durchschaut sie, meistert sie: er gebraucht sie, aber er hängt nicht ab von ihnen. Jedes schwächere Individuum braucht Dinge oder Komplexe, die ihm aufhelfen, weil es immer wieder sich von sich selbst verlassen fühlt. Das ist seine Lage nicht. Er hat die Herrschaft über sich selbst; das ganze Wesen bleibt immer von einem Punkt aus zusammengehalten. Er kommandiert seinen Körper, sein Gedächtnis, seine Geduld, seinen Zorn. Denkkraft und Wille marschieren vereint. Jeder könnte so sein, fast niemand ist so.

Das eigentlich Singuläre aber ist dies: neben dem ungeheuren bon sens geht ein ungeheures Ernstnehmen der eigenen Pläne und der dahinter stehenden eigenen Person, das direkt ins Mystische führt. Hier sind wir mit einem Schritt durch den Erdmittelpunkt hindurch in die unserer normalen Welt entgegengesetzte Region gedrungen. Denn was wir die normale Welt nennen, ist die Welt der Selbstsucht, die aber bei wachsender Klarheit der Selbstironie umschlägt, weil früher oder später die Umstände übermächtig werden. Er aber kennt keine Übermacht der Umstände. Grenzenlos im Auf-sich-Nehmen von Entscheidungen, empfindet er sich selbst als Fatum gebend und kein Fatum empfangend. Goethe, der alles sah und verstand, hat auch dies gesehen und mit der größten Klarheit noch bei Jenes Lebzeiten ausgesprochen: »Bildet euch nur nicht ein, klüger zu sein als er: er verfolgt jedesmal einen Zweck; was ihm in den Weg tritt, wird niedergemacht, aus dem Wege geräumt, und wenn es sein leiblicher Sohn wäre. Er liebt alles, was ihm zu seinem Zweck dienen kann, so sehr es auch von seiner individuellsten Gemütsstimmung abweicht. Daher kommt es auch auf eins hinaus, ob man von ihm geliebt oder gehaßt wird. Er lebt jedesmal in einer Idee, einem Zweck, einem Plan, und nur diesem muß man sich in acht nehmen in den Weg zu treten, weil er in diesem Punkt keine Schonung kennt.« Das gleiche in lapidarer Kürze spricht er selbst aus, in dem Erfurter Gespräch mit Goethe, wenn er die Poetisierung des Schicksals durch die neuen Dichter als schwächlich und unwahr ablehnt. »Es gibt kein Schicksal, die Politik ist das Schicksal.« (Als Zentrum dieses Schicksals versteht er sich selbst, das ist sous-entendu.)

Hier geht er über das Europäisch-Individualistische, über das, was die Renaissance aus zwei Zeitaltern, deren Erbe sie eins ins andere geschlagen hatte, ausdestilliert hat, hinaus: in der Kraft, nicht in der Richtung. Etwas davon ist in uns allen. Das Menschliche und das Unmenschliche – das über die Menschen Hinweggehende – liegt in uns, als Antrieb oder Versuchung: welche Gewalt es gewinnen kann und in welchen Grenzen, das ist das moralische Hauptthema unserer Existenz. (Goethe stellte Napoleon aus der Welt der Moralität hinaus unter die großen physischen Ursachen.) Darum sehen die großen Russen, Tolstoi und Dostojewski, in ihm schlechtweg den Wirbel des Daseins. Seine Figur ist geradezu der Angelpunkt, um den ihr Dasein sich dreht, sofern es sich auf das Okzidentalisch-Europäische bezieht. Sie nehmen in einer großartigen Weise den Gedanken auf, der sich unter seinen Zeitgenossen festsetzte, als die ganze Wucht eines solchen Wesens auf ihnen lag: er sei dem Antichrist der Offenbarung Johannis gleichzusetzen. Damit machen sie ihn zum mythischen Träger dessen, was ihnen feindlich erscheint: des europäischen Okzidents. Der Feldzug von 1812 ist dann der Versuch, diesen, mit zusammengeballter Heereskraft und Technik in sich, dem europäischen Orient aufzudrängen, und dessen Abwehr durch Naturmächte: also ein großer mythischer Vorgang. – In dem Maße demnach, als wir uns europäisch orientalisieren würden, würde sein Bild verblassen, wofern ein neuer okzidentalischer Europäismus entstünde, würde es lebendig bleiben. Denn die mythischen Figuren sind gleich den Sternbildern: sie zeigen durch ihr Aufsteigen und Absinken den Wechsel der Zeit.

Für uns, die wir zwischen den Zeiten hängen, ist er ein ungeheures Sinnbild und kein Monstrum, wenngleich außerhalb der Sittlichkeit stehend. Wesen solcher Art wecken in uns ein Gefühl, das in keine der Kategorien paßt. Sie reinigen aber und stärken auch, indem sie etwas in uns berühren, das tot liegt und von keinem analytischen Denken berührt wird; nur die höchste, seltenste Synthese, vollzogen in der lebenden Gestalt, rührt uns ins Mark. Je nach der Glaubenskraft des Gemütes offenbart sich dann hinter dem Seltensten selber noch ein Höheres, Letztes, Absolutes, und die Seele beugt sich vor dem Höchsten, » *der sich einmal von allgewaltiger Geisteskraft grenzlose Spur beliebte*«.

Wert und Ehre deutscher Sprache

Denkt man über das Geschick und die Beschaffenheit unserer Sprache nach, so tritt dies entgegen: wir haben eine sehr hohe dichterische Sprache und sehr liebliche und ausdrucksstarke Volksdialekte, von denen die Sprache des Umgangs in allen deutschen Landschaften verschiedentlich angefärbt ist. Woran es uns mangelt, das ist die mittlere Sprache, nicht zu hoch, nicht zu niedrig, in der sich die Geselligkeit der Volksglieder untereinander auswirkt. Unsere Nachbarn, Nord und Süd, Ost und West, haben sie; wir allein sind ihrer entbehrend. In dieser mittleren Sprache aber faßt sich allezeit das Gesicht einer Nation zusammen; – noch einer nicht mehr gegenwärtigen Nation: die Miene der Römer erkennen wir in den Sprachen, die von der mittleren Römersprache abgeleitet sind. Die deutsche Nation aber hat für den Blick der andern kein Gesicht; davon kommt viel Mißtrauen, Unruhe, Nichtverstehen, geringe Würdigung, ja sogar Haß und Verachtung; aber das muß getragen werden, da es zum Schicksal gehört.

Die mittleren Sprachen der anderen besitzen eine glatte Fügung, in der das einzelne Wort nicht zu wuchtig noch zu grell hervortritt. An den Hörer soll gar nicht das Wort herandringen mit seiner magischen Eigenkraft, sondern die Verbindungen, das in jedem Wort Mitverstandene, das mimische Element der Rede. Nicht sowohl der Einzelne, der zu ihm redet, soll ihm zunächst fühlbar werden, als das gesellige Element, worin sich beide, der Redende und der Angeredete, zusammen wissen; von dem Einzelnen, der ihm gegenübersteht, nicht so sehr dessen Sich-Unterscheiden, nicht der individuelle Anspruch, der ja leicht zu Ablehnung herausfordert, sondern die Verflochtenheit, gemäß der ein jeder zu den Gruppierungen innerhalb der Gesamtheit, den Einrichtungen, den Unternehmungen in gewissen typischen Verhältnissen steht. Nicht so sehr das was er für sich ist, soll in seiner Sprache sich ausprägen, als das was er vorstellt. In seinem Sprechen repräsentiert sich der Einzelne, in der ganzen Sprache repräsentiert sich die Gesamtheit. Es herrscht in einer solchen Umgangsrede zwischen den Worten ein Etwas, daß sie untereinander gleichsam Familie bilden, wobei sie alle gleichmäßig verzichten, ihr Tiefstes auszusagen. Ihre Anklänge und Wechselbezüge kommen mehr zur Geltung als ihr Urlaut.

Unsere gegenwärtige deutsche Verkehrssprache hingegen ist ein Konglomerat von Individualsprachen. In einer Individualsprache ringen die Worte um ihr höchstes Eigenleben, das sie nie völlig erlangen können, sie wollen sozusagen in ihr statisches Gleichgewicht zurück, und schwanken in sich selber. Nur das Individuum mit seiner Magie vermag sie fallweise zu bändigen. Dies aber ist unübertragbar. Darum kann man deutsch nicht korrekt schreiben. Man kann nur individuell schreiben, oder man schreibt schon schlecht. An Stelle einer geselligen Sprache haben wir, da doch etwas da sein muß, eine Gebrauchssprache hervorgebracht, in der die Dialekte – wenn auch nicht alle gleichmäßig – zusammentraten; es ist wie ein See, dessen Wasser schal schmecken würde, brächten ihm nicht die immer zuströmenden Quellen etwas von ihrer Schmackhaftigkeit. Aber wie alles aus dem Ursprünglichen Abgezogene – wo nicht ein gewaltiger geistiger Schwung immer wieder dreinfährt – hat diese Verkehrssprache viele Laster. Sie will mehr und weniger als sie kann; es stecken zu viele philosophische ausgebildete Begriffe in ihr, die nur durch eine unablässige Aufmerksamkeit treffend scharf erhalten werden könnten, so aber bald der Verwahrlosung anheimfallen, bald der Pedanterie oder der Affektation Nahrung geben. Bald macht sich eine Eigenbrötelei geltend, die auch niemals frei ist von Affektation, bald die Überlust am Annehmen fremder Naturen. Die Sprache ist voll zerriebener Eitelkeiten, falscher Titanismen, voller Schwächen, die sich für Stärken ausgeben möchten. Man mag hundert Bücher, Abhandlungen, Zeitungsblätter in die Hand nehmen, und wird in ihrer Sprache das Volk nicht finden, nicht seine Zufriedenheit mit sich selbst, das Behagliche, noch sein Tiefes, Starkes – noch das Einfache, welches das Höchste wäre; noch aber auch wird man aus dieser Bücher- und Zeitungssprache die Anschauung einer großen Nation gewinnen, ja nicht die Ahnung von ihrer Haltung, ihrer eigentlichen und eigenartigen Präsenz.

Wo aber ist dann die Nation zu finden? Einzig in den hohen Sprachdenkmälern und in den Volksdialekten. Die einen und die anderen stehen in Wechselbezug. In den Dialekten deutet der Naturlaut schattenhaft auf hohe Sprachgeburten, in den hohen Denkmälern blickt das Naturhafte hindurch – in beiden zusammen ist die Nation; aber wie unsicher und zerrissen ist dieser Zustand, wie bedarf er des Schlüssels der Vertrautheit, um einem solchen Volk ins Innere zu dringen!

Die poetische Sprache der Deutschen vermag in eine sehr erhabene Region aufzusteigen. Dort wo sie zuhöchst schwebt, in Goethes vorzüglichsten lyrischen Stücken, in Hölderlins letzten Elegien und Hymnen, dort wird sie kaum von einer der neueren Nationen erreicht – vielleicht, daß selbst Miltons Flügelschlag dahinter zurückbleibt. Hier wird jenes »Griechische« der deutschen Sprache wirksam, jenes Äußerste an freier Schönheit. Die »glatte« und die »rauhe« Fügung vermögen in dieser Region kaum mehr unterschieden zu werden, alles was dem Bereich der poetischen Rhetorik angehört, bleibt weit zurück; das Gehauchte, dem Volkslied Verwandte verbindet sich mit der höchsten Kühnheit, Erhabenheit und Wucht des Ausdrucks, die Spannung zwischen dem Sprachlaut, in dem »die Unmittelbarkeit des Kreatürlichen sich enthüllt«, und dem von höchster Besonnenheit gesetzten Sprachbild ist aufgehoben; wer in diese Region verstehend aufzusteigen vermag, weiß, wie die deutsche Sprache ihre Schwingen führt – auch in Prosa kann ein solches Höchstes zuweilen erreicht werden, es ist gleichfalls den Meistern vorbehalten: das Ende der »Wanderjahre« ist in einer solchen Prosa verfaßt, bei Novalis hie und da für Augenblicke erscheint diese letzte Meisterschaft, in Hölderlins Briefen der spätesten Zeit: da ist wirklich das Zauberische erreicht, die Gewalt der Worte und Wortverbindungen übersteigt alles, was ohne solche Beispiele geahnt werden könnte; die Sprache wirkt hier völlig als geisterhaftes Wunder wie bei Rembrandt manchmal die Farbe, in Beethovens späten Werken der Ton.

Weit darunter ist die Region, in der wir leben. Unsere höchsten Dichter allein, möchte man sagen, gebrauchen unsere Sprache sprachgemäß – ob auch die Schriftsteller, bleibt schon fraglich. Die Zeitung, die öffentliche Rede, die Fassung der Gesetze und Anordnungen, all das ist in seiner Sprache schon verwahrlost; die wahre, zur zweiten Natur gewordene Aufmerksamkeit fehlt, es fehlt das Gefühl für das Richtige und Mögliche, es ist ein ewiges »das Kind mit dem Bad ausgießen«. Die Rückwirkung dessen auf die Nation ist gefährlich, ja verderblich; aber es spricht ja daraus auch schon der Zustand der Nation selber, jenes fieberhaft Unruhige und zugleich Gefesselte, Dumpf-Ängstliche.

Es ist eine sehr harte, finstere und gefährliche Zeit über uns gekommen. Sie ist wohl über ganz Europa gekommen, aber keines der anderen Völker hat so viele Fugen in seiner Rüstung, durch die das Gefährliche eindringt und sich bis ans Herz heranbohren kann. Wo das wahre Leben der Nationen immer wieder im Zueinanderstreben aller ihrer Glieder liegt, haben wir, schon entzwei-geteilt durch die Religion, zuerst noch, zu Ende des achtzehnten Jahrhunderts, alles Überkommene, sittlich-geistig Gebundene jäh auseinandertreten sehen mit dem Neuen, Individual-Geistigen, Verantwortungslosen; auseinandertreten dann allmählich die Geisteswissenschaften mit den Naturwissenschaften, auseinandertreten die Sprache, die alles vereinigen müßte, und jenes mathematisch übersprachliche Streben, von dem die Wissenschaften schicksalhaft ergriffen wurden, und dem nur Einzelne zu folgen vermögen; nun reißen neue Glaubensbegriffe, mit religiösem Eifer in die Massen geworfen, die Klassen der Gesellschaft auseinander – aber wie in einem Wirbelsturm überschäumende Querwellen die Wellen noch durchkreuzen, so jagt jetzt quer durch alles Denken hin, zerstäubend was sich ihm entgegenstellt, ein neuer Begriff von der alleinigen Gültigkeit der Gegenwart. Es ist der Zustand furchtbarer sinnlicher Gebundenheit, in welchen das neunzehnte Jahrhundert uns hineingeführt, woraus nun dieses Götzenbild »Gegenwart« hervorsteigt. Nur den ans Sinnliche völlig Hingegebenen, der sich aller Machtmittel des Geistes entäußert hat, bannt das Scheinbild des Augenblicks, der keine Vergangenheit und keine Zukunft hat. Allem höheren Denken immer lag das Wunder in der Gemeinschaft des Gegenwärtigen mit dem Vergangenen, im Fortleben der Toten in uns, dem einzig wir danken, daß die wechselnden Zeiten wahrhaft inhaltvoll sind und nicht »als ewiger Gleichklang sinnlos wiederholter Takte erscheinen«. Dem Denkenden ist, nach Kierkegaards Wort, das Gegenwärtige das Ewige – oder besser: Das Ewige ist das Gegenwärtige und dieses ist das Inhaltvolle. »Der Augenblick bezeichnet das Gegenwärtige als ein solches, das keine Vergangenheit hat und keine Zukunft. Darin liegt ja eben die Unvollkommenheit des sinnlichen Lebens. Das Ewige bezeichnet auch das Gegenwärtige, das kein Vergangenes und kein Zukünftiges hat, und dies ist des Ewigen Vollkommenheit.« Nur mit dieser wahren Gegenwart hat die Sprache zu tun. Der Augenblick ist ihr nichts. Aber das Dahingegangene zu vergegenwärtigen, das ist ihre wahre Aufgabe. Das was nicht mehr ist, das was noch nicht ist, das was sein könnte; aber vor allem das was niemals war, das schlechthin Unmögliche und darum über alles Wirkliche, dies auszusprechen ist ihre Sache. Sie ist das uns gegebene Werkzeug, aus dem Schein zu der Wirklichkeit zu gelangen, und indem er spricht, bekennt der Mensch sich als das Wesen, das nicht zu vergessen vermag. Die Sprache ist ein großes Totenreich, unauslotbar tief; darum empfangen wir aus ihr das höchste Leben. Es ist unser zeitloses Schicksal in ihr, und die Übergewalt der Volksgemeinschaft über alles Einzelne.

Unmittelbar schreiten wir durch sie in das Volk hinein; das fühlen wir. Wie wir das erfassen können: die Seele eines Volkes, danach fahnden wir, und Zweifel versehrt uns wieder, ob einem solchen Begriff jemals die Anschauung abzuringen sei. Hier aber, in der Sprache, spricht uns ein Wirkliches an, durchdringt uns bis ins Mark: die Urkraft, daran wir teilhaben. Unsere Gedanken über die wichtigsten Gegenstände unseres Lebens bedürfen immer aufs neue der Klärung. Nichts aber ist so hoch, daß ihm nicht Pflege not täte. Das, von dem selbst die höchste bejahende Kraft ausgeht, muß immer aufs neue bejaht werden und dies ist der Sinn eines jeden gegenwärtigen Geschlechtes: daß es das Leben des Hohen nicht unterbreche. – In diesem Buch sind die Gedanken von zwölf deutschen Männern über die deutsche Sprache zusammengestellt. Warum ihrer nicht mehr sind, sondern aus den letztverflossenen drei Jahrhunderten diese gewählt wurden – vertraue man, daß es nach reiflichem Nachdenken und genauer Prüfung geschehen ist. Auch Schiller, Hamann, Schopenhauer und viele andere haben schöne und tiefe Gedanken über das Geheimnis der Sprache an den Tag gegeben. Diese zwölf aber erschienen als die wahren Gewährsmänner über diesen hohen Gegenstand und vermöge ihrer Kraft als gegenwärtig.

An wen aber wenden sich diese Sammlungen? Wer wird mit diesen Vor- und Nachreden angesprochen? Ein Zweifel überfällt uns zuweilen, der nicht die Kalten und Widerstrebenden, nein, der uns selber und unsere Zustimmenden in Zweifel zieht, ob sie es wirklich sind, und wir mit ihnen, so wenige Sichtbare, so Verstreute, auf denen in solcher Zeit das in seinen Grundfesten wankende ungeheure Gebäude ruhen könne! Denn wir sind uns der Bedrohung des Ganzen bewußt. Einen letzten Glauben, es bestehe unversehrt, wenngleich verborgen die Mitte der Nation und werde dies in Empfang nehmen, wollen wir nicht aufgeben.

Über tredition

Eigenes Buch veröffentlichen

tredition wurde 2006 in Hamburg gegründet und hat seither mehrere tausend Buchtitel veröffentlicht. Autoren veröffentlichen in wenigen leichten Schritten gedruckte Bücher, e-Books und audio-Books. tredition hat das Ziel, die beste und fairste Veröffentlichungsmöglichkeit für Autoren zu bieten.

tredition wurde mit der Erkenntnis gegründet, dass nur etwa jedes 200. bei Verlagen eingereichte Manuskript veröffentlicht wird. Dabei hat jedes Buch seinen Markt, also seine Leser. tredition sorgt dafür, dass für jedes Buch die Leserschaft auch erreicht wird.

Im einzigartigen Literatur-Netzwerk von tredition bieten zahlreiche Literatur-Partner (das sind Lektoren, Übersetzer, Hörbuchsprecher und Illustratoren) ihre Dienstleistung an, um Manuskripte zu verbessern oder die Vielfalt zu erhöhen. Autoren vereinbaren direkt mit den Literatur-Partnern die Konditionen ihrer Zusammenarbeit und partizipieren gemeinsam am Erfolg des Buches.

Das gesamte Verlagsprogramm von tredition ist bei allen stationären Buchhandlungen und Online-Buchhändlern wie z. B. Amazon erhältlich. e-Books stehen bei den führenden Online-Portalen (z. B. iBookstore von Apple oder Kindle von Amazon) zum Verkauf.

Einfach leicht ein Buch veröffentlichen: **www.tredition.de**

Eigene Buchreihe oder eigenen Verlag gründen

Seit 2009 bietet tredition sein Verlagskonzept auch als sogenanntes "White-Label" an. Das bedeutet, dass andere Unternehmen, Institutionen und Personen risikofrei und unkompliziert selbst zum Herausgeber von Büchern und Buchreihen unter eigener Marke werden können. tredition übernimmt dabei das komplette Herstellungs- und Distributionsrisiko.

Zahlreiche Zeitschriften-, Zeitungs- und Buchverlage, Universitäten, Forschungseinrichtungen u.v.m. nutzen diese Dienstleistung von tredition, um unter eigener Marke ohne Risiko Bücher zu verlegen.

Alle Informationen im Internet: **www.tredition.de/fuer-verlage**

tredition wurde mit mehreren Innovationspreisen ausgezeichnet, u. a. mit dem Webfuture Award und dem Innovationspreis der Buch Digitale.

tredition ist Mitglied im Börsenverein des Deutschen Buchhandels.

Dieses Werk elektronisch lesen

Dieses Werk ist Teil der Gutenberg-DE Edition DVD. Diese enthält das komplette Archiv des Projekt Gutenberg-DE. Die DVD ist im Internet erhältlich auf **http://gutenbergshop.abc.de**

Zeitfracht Medien GmbH
Ferdinand-Jühlke-Straße 7
99095 Erfurt, Deutschland
produktsicherheit@kolibri360.de